保育の中に心地よい暮らしをつくる

新しい保育のスタイル

へきなんこども園 園長
ユリア 著

かもがわ出版

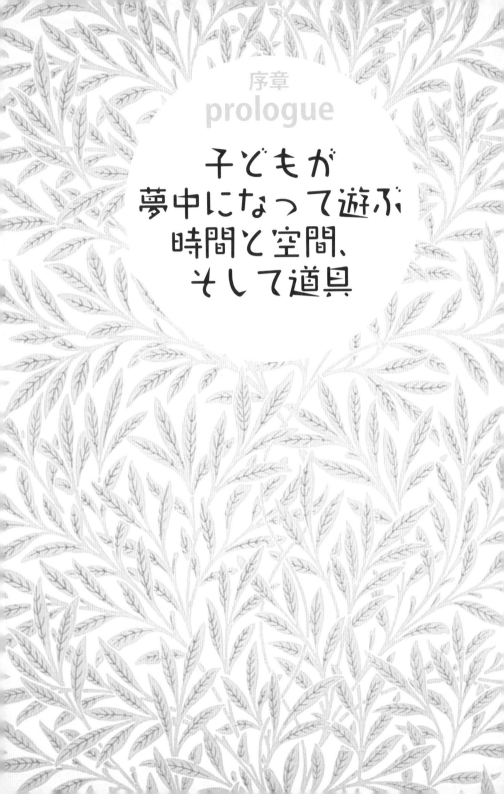

序章
prologue

子どもが
夢中になって遊ぶ
時間と空間、
そして道具

へきなんこども園では、子ども一人ひとりが夢中
になって遊ぶ時間・空間・道具を整えながら、保育
者は遊びを守るということを意識しています。

子どもの最善の利益につながる「遊びの時間」を

　みなさんは、1日の保育の中で、子どもたちに何
回「待っててね」と言っているでしょうか。へきな
んこども園では以前、例えば園庭に出る前、部屋に
戻ってきた後など、何かの前と後には必ず排泄の時
間があり、子どもたちはそのつど一斉に行動するの
で、1日の中で子どもが待っている時間が何回もあ
りました。

どこから
登っても
飛び降りてもよい
"岩山のつもり"
の遊具

一人ひとりを大切にする具体的な保育を実践する
とき、この「待っててね」の時間が、すべて子ども
の遊びの時間に変わります。
　食事のときも、1人とか2人とかの少人数ですす
めていきますが、ほかの子は食事を待っているので
はなく、遊んでいるのです。
　園庭に出るときも、外遊びから部屋に入るときも
一斉に行動するのではなく、保育者がきちんと手助
けできる人数の子どもとともに動くので、必要な手
助けをていねいに行うことができます。いままで
「待っててね」と言っていた場面でも、ほかの子は
みんな遊んでいるのです。

幼児の外遊び

排泄の場面でも、一斉に声をかけてトイレに行っていたときには、やはり「待っててね」が長い時間を占めていました。しかし、トイレにも一人ひとり行き、ほかの子は「待っててね」だった時間も遊んでいる時間になります。

　こうした小さなことの積み重ねで、いままで一斉に保育をしていたときより、多くの時間を遊びの時間として保障できるようになりました。結果として、子どもたちは充分に遊び、満足しているようです。

園庭で
自分の遊びを
見つけて、
集中している
子どもたち

三輪車用の
アスファルトの
サーキット。
ルールは一つ
「一方通行」

テラスで
お茶を飲む
5歳児

水遊び場。
奥に見えるのが
小さな小川。
水流は、
その奥の池からの
循環式です。

芝生が
気持ちいいね

　この遊びの時間を保障し守っていくことは、子ど
もの最大の発達を促し、子どもの最善の利益に無理
なくつながっていきます。

＊空間と道具については、第1章以降をお読みください。

外遊びの環境を整える

　以前、へきなんこども園には目に見えないルール
がたくさんありました。

　例えば、「3歳児は、ジャングルジムの4段目ま
でしか登ってはいけない」「登り棒は、3歳児は見
るだけ」などです。

　一人ひとりを大切にする具体的な保育を始めて、
最近ふと気づくと、1歳児がジャングルジムの上の
ほうまで登っていて、私はびっくりしてしまいまし
た（もちろん、保育者がそばで見守っていましたが）。

木登り
子どもたちは自分の登れるところまでしか登りません。
保育者が見ているときに登る、というルールはあります。

園庭には木登りできる木があります。見ている
と、子どもたちは自分の登れるところまでしか登り
ません。自信のある子は上まで登りますが、そこま
で自信のない子はちゃんと自分で考えて、登れると
ころまで登って降りてきています。

　子どものやりたい気持ちを大事にしたいと考えて
います。安全を重視するあまり、どんどん遊具がな
くなったり、さまざまなことが禁止されてしまうこ
とには少し疑問を感じるところです。とは言って
も、安全第一には違いありませんが。
　そうした思いから、どこから登っても、どこから
飛び降りてもいい岩山があるといいなと思い、"岩山
のつもり"の遊具を作りました。遊具のまわりには、
クッション性のあるゴムチップの床を設置していま
す（3頁・写真）。

　三輪車の道があったら楽しいだろうなと考えて、
アスファルトで幅1.2メートル、1周約50メートルの
サーキットを作りました。ほかの遊びを楽しんでい
る子たちのあいだをぬって三輪車を走らせないでい
いので、これは安全のためにもよいと思います（6頁・
上の写真）。

うんてい
遊び

美しい園庭に

「園庭の中にさまざまな素材の地面がある」といいなと考えて、園庭を作り直しました。

2011年に緑化して池も作り、川があったらいいなとずっと思っていましたが、ついに2018年、小さな小川と水遊び場ができあがりました。川と水遊び場は、基本的に遊びのときには自由に入っていいことにしています（7頁・写真）。

園庭は広いほうで、とても恵まれていると思います。全国には園庭のない園もあるし、もっと素晴らしい環境で楽しい園庭を整えていらっしゃる園もたくさんあると思います。どんな環境の中でも工夫して、創造的に整えられたらいいなと思います。

やせた砂地の園庭ですが、片隅の畑でわずかな野菜を作っています（16頁・写真）。また、ブラックベリー、ブルーベリー、山桃の木があり、5歳児が実を収穫してジャム作りなどをしています。

こうしたことは、全国の多くの園で取り組まれていることです。以前、スウェーデンで開催されたOMEP（世界幼児教育・保育機構）の世界会議に参加したとき、スウェーデンの園でもESD（持続可能な開発のための教育）の取り組みの一つとして、コンテナガーデンで野菜を育てている園を見学しました。これもきっと、日本の多くの園ではあたりまえのように取り組まれていることですね。

＊室内の遊びの環境などについては、第1章以降をお読みください。

心地よいアウトドアリビング

　園庭にガーデンチェアやピクニックテーブル、また莫蓙を敷いて遊べるスペースを作っています。そうした工夫により、園庭のスペースを使って生活を楽しむことができると思います（6頁・下の写真）。

　園で毎日繰り返される日常の中でも、天気がよい日は外で食事をしたりします。ちょっとした変化でも、子どもたちにとってもワクワクした楽しい食事になるし、おとなにとっても心楽しいようです。

　空の色、感じる風、冬枯れの木の先についているかわいい新芽、変化する木々の葉、葉の色、花が咲き、いつの間にか実となり、その実を集めて作るジャム…、身のまわりにあることを、子どもたちといっしょに楽しめたらと思います。

　屋外にあるものは朽ちたり、ペンキが剝げたりします。そうしたものを毎年、素人ながら子どもたちが園にいるときに修理したり、ペンキを塗ったりして、日常を過ごしています。こうした営みは、おとなが生きていく姿を見せていることにつながると思います。

　田舎にあるため、広さもあり、とても恵まれた環境でありがたい限りです。全国にはさまざまな環境の保育施設があり、園庭がとても狭いとか、ほとんどないという園もあると思います。けれども、そうした環境の中でも植物や水、香りとか、工夫しだいで自然を感じられるようなしつらえができると考えています。

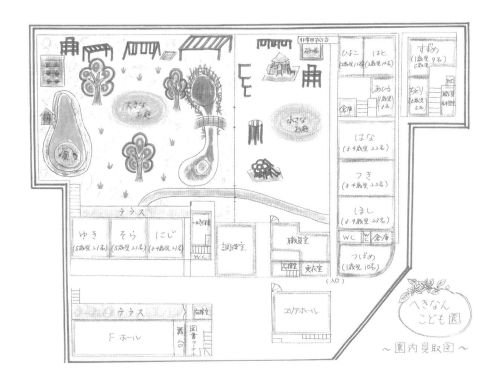

作品展。自分をモデルにした人形を作りました。季節をテーマにしているので、
着ている服にそれぞれが選んだ季節の服を着ています。

トロッコを
使って
田んぼの
土作りをする
5歳児たち

●データ

幼保連携型認定こども園

へきなんこども園

〒447-0878 愛知県碧南市松本町73
TEL 0566-41-7300
FAX 0566-41-7300
HP https://hekinan-ecec.com

定　　員	180名
対象児	4か月〜就学前
クラス	0歳児　1クラス
	1歳児　3クラス
	2歳児　2クラス
	3・4歳児（混合）　4クラス
	5歳児　2クラス
開所時間	平日　　7:30〜19:00
	土曜日　7:30〜16:00
休園日	日曜日・祝日・年末年始

はじめに

子どもが日々を幸せに過ごすために

　子どもが日々を幸せに過ごすって、どんなことでしょうか。

　毎日、目をキラキラさせて、夢中になって遊ぶ姿——子どもは素晴らしい力を持っています。しかし未成熟で、手助けが必要なこともあります。困ったときにはちゃんと自分を見てくれる人がいて、手助けしてくれる。そうした環境の中では、安心して自分の居場所だと感じて、自分のありのままの姿を出すことができます。そして、また疲れたら休むことのできる場所があり、自分の身体に必要な食事をおとなに無理強いされることなく保障される。こうしたことは特別なことではなく、すべて普通のことだと思います。

　乳幼児が集団で保育（養護と教育）される場においても、子どもたちが日々を幸せに過ごせるように願うところです。

　一人ひとりを大切にする具体的な保育を実践することによって、子どもたちの中により多くの成長を見ることができます。このように接してもらったら、自尊感情や自己肯定感が育つと思われたり、また子どもの権利条約で言われている、意見を表明することであったり、問いかけたことに

きちんと応えてもらったりして、子どもの最善の利益が結果として守られるように思います。

　では、一人ひとりを大切にする具体的な保育とはどういうことか、実際に集団においてもこうしたことができるのか、と考えるとき、集団を動かすといったいままでの価値観で保育に当たるときには「理想はそうだと思うけれど、実際には無理じゃないかな」と思ってしまいます。以前、私もそう考えていました。「まぁ、集団だしね。理想はあるけど、それはそれだよね」などと思っていました。

　しかし、一人ひとりを大切にする保育を具体的に実践するとき、先に挙げたことがすべて保障できてしまうのです。ここでまた、「集団の中で一人ひとりを大切にするって、どうやってするの？」「そんなこと本当にできるの？」と疑問がたくさん出てくると思います。その具体的な実践や手立てについて、述べてみたいと思います。

第1章

一人ひとりを大切にする
具体的な保育の手立て

1 暮らしはすべて、子どものペースを守る

「一人ひとりを大切にする具体的な保育」って、いったいどういう保育なのでしょう。じつは、この保育を実践する手立てはいたってシンプルです。

＊まず、遊びの環境を整える。

＊食事は、集団で一斉にするのではなく、保育者が子どもにとって必要な手助けができる人数ですすめる。

＊排泄は、子どもたちを一斉に促さず、それぞれのタイミングで手助けする。

＊衣類の着脱などは、機能が未発達なために援助が必要なことを一人ひとりに寄り添い手助けする。

＊暮らしはすべて、おとなのペースに合わせるのではなく子どものペースを守る。

簡単に言ってしまえば、こんなことです。そしてこの中心にある考えは、「おとなが、小さな子ども一人ひとりに、人としてその意思を尊重して相対する」ということなのです。言うは易しですが、実際にはどういった手立てですすめたらよいのか、ご参考になることを願いつつ、へきなんこども園での実践の道筋をたどりながら紹介していきたいと思います。

② 乳児の保育──「ていねいにする」こと

そこでまず、乳児の保育について述べたいと思います。むずかしいことでも、特別なことでもないのです。毎日、どこの園でも必ず行われていることを「ていねいにする」ことです。具体的なこととしては、食事・排泄・衣服の着脱などです。

1 食事

① 少人数ですすめる

みなさんの園では、食事をどのようにすすめていますか。

へきなんこども園では、一人ひとりを大切にする具体的な保育に気づくまでは、かなり食べこぼしがあり、床が汚れないように敷物を敷いて、1日の中でとても忙しく慌ただしい時間になっていました。そして、その後も食べこぼしの片づけをしながら、全員をトイレに行かせ、盛大に背中をトントンして寝かしつける。保育者も身体の中のどこに入ったかわからないぐらいの勢いで、子どもといっしょに食事をとり、気持ちは子どもたちの食事をよく見ているつもりでも、いっしょに食べているがゆえに、物理的にていねいに手助けすることとはほど遠い状況がありました。

そうした中で、保育者は子どもといっしょには食べず、子どもも一斉には食べず、1人とか2人とか個別に手助けして食べるという方法に出会いました。

最初、そのことを聞いたときには、保育者も私も、そんなことはとても

食べている子、遊んでいる子、寝ている子がいます（入園式1週間後の1歳児クラス）。

　無理だと思いました。そんな1人とか2人とかですすめていたら時間が足りないし、保育者もいっしょに食べてしまわなければ、その後トイレや寝かしつけ、連絡帳や記録を書かなければいけないので、とても時間が足りないと思いました。しかし、保育者から「どうしましょう」と相談されたとき、私も「そんなの無理だよね〜」と言いつつも、「でも、じゃあ実験してみる？」と投げかけてみました。

　そして、いままでのような食事にかかる時間と、1人とか2人の少人数で食事をすすめた場合の時間を計ってみることにしました。実験の結果、かかった時間は、なんとほぼ同じでした。「それなら、少人数でていねいに関わったほうがいいね」ということになり、そこからていねいな食事の時間の関わりが始まりました。

この取り組みは、一クラスから始まりました。始めてみると、子どもたちはとても落ち着いて、食べこぼしもなくなりました。その様子を見ていた他のクラスも、見よう見まねで、一斉での食事から少人数で個別の食事へと変わっていきました。そして変わっていく中で、まず子どもの食べる順番を決め、毎日同じ保育者が同じ順番で、同じ手立てですすめるようになりました。

この「毎日、同じ順番で行う」ことが、具体的にていねいな食事の手助けをするということになるのです。グループとかみんなで食事をすすめるのではないのです。まず、食事をすすめる人数は、必要な手助けをするには何人だったらできるのかを考え、決めていきます。そして、「きょうは、あなたはどれぐらい食べられる？」ということを子どもに聞きながら、目の前で盛りつけをしていきます。

毎日同じ順番ですすめられることで、子どもにとっても自分自身で生活の見通しが立てられるようになります。それは、０歳児であってもできるようです。

つまり、日々自発的に生活が営まれるということです。そして、「いま、あなたはどれぐらい食べられる？」と問われることで、自分の意志で何をどれぐらい食べるのか自己決定しているということです。さらにその中で、自分の身体にも耳を傾けているということです。

本来食べるということは、自身が生きていくのに必要なものを知って食べるということで、知識として栄養のことを伝えたり、知ることは有益なことですが、自分にとって必要なものを知ることのほうが重要なことではないかと、私は考えます。生きていく力ということです。

ていねいに関わると、食べこぼしはなくなります。ここにもまた落とし穴があるのですが、こぼさないように何かをするのではありません。こぼさせないために食べさせてしまうということでもありません。結果としてこぼれないのです。また、子どものことが具体的によく見えるようになるので、口の動き、手の動きなどもよく確認できて、それに合わせての手助けができます。子どもたちは、とてもきれいに食事がとれるようになりま

す。食事のマナーがよいということは一生の宝になります。

② 子どもが食事をとる順番を決める

　では実際に、子どもが食事をとる順番はどのように決めるのでしょうか。へきなんこども園では、入園前の子どもの24時間の生活リズムを把握し（35頁・表1）、本人の育ちの様子を考え合わせて担当を決め、そして担任が順番を決めていきます。決めた順番は原則的には変えません。毎日繰り返されることで、子どもにとっては生活と生活リズムの見通しが立ち、情緒の安定につながります。

　年度が変わって新しい1歳児クラスで、担任が食事の準備をするとみんな寄って来てしまう状況があり、保育者から「柵を作っていいですか」と質問がありました。私は「いいんじゃない」と答えました。おとながきっぱりと落ち着いていれば、子どもは飲み込みが早いようで、柵はじきに必要なくなりました。そして、子どもたちは呼ばれてからやって来るのではなく、遊んでいるおもちゃを片づけ、絶妙なタイミングを見計らって自分で食事の席に着きます。おとなが声をかけるより素晴らしいタイミングでやって来るのです。

　また、子どもが食事のテーブルに寄って来てしまうことについては考えたほうがよいことがあります。子どもたちの遊びの環境についてです。

　そもそも、食事を個別に行うためには、遊びの環境が整っている必要があります。この遊びの環境については、次の第2章で述べたいと思います。

2　排泄

① 排泄の「時間」

　排泄の場面で、保育者が一斉に声をかけて、子どもたちにとっては尿意がなくてもトイレへ促され、でもトイレの個数も保育者の人数も限られているので、子どもは待っている（待たされている）といった保育の様子も多く見られます。しかし、へきなんこども園では、排泄のときには、子ど

もたち一人ひとりに保育者がていねいに付き添います。

　以前は、保育者が計画した1日の流れに従って「はい、トイレの時間ですよ」と、みんなが一斉におまるに座ったりしていました。いま思えば不思議な光景だと思います。排泄は個々の生理現象であって、まさに個々のニーズがさまざまであるはずのものなのに、保育者の立てた計画に合わせて、みんな「行かせる」ということをしていたのです。そして、「出ない」という子もおまるに誘い、頑張って出すように促したりしていました。さらに1、2滴出た子に「えらいね！」などと言ったりしていました。一人ひとりを大切にする具体的な保育とは真逆な状態だったと思います。

　そうした状態から、一人ひとりをトイレに誘い、ドアがある場合はドアも閉めていきます。おむつの場合は、一つずつの行為を言葉にしながら、

目を合わせてていねいに替えています。子どもができるところは待ち、手助けの必要なところは「ズボンの後ろを上げるのお手伝いするね」などと声をかけながらします。

おむつ交換のときには、一つひとつの行為を言語化します。「足を上げてくれる？」「おしりを拭くよ」「気持ちがいいね」などと声をかけると、０歳の子どもでも足を上げたりして協力してくれます。

こうしたやりとりをしながら、親以外のおとな（保育者）との信頼関係を築いていく大事な大事な時間になっていきます。子どもたちにとっても楽しい時間となり、トイレに誘えば喜んで行く姿が見られます。

② トイレへ誘うタイミング

では、どういったタイミングで誘っているかというと、だいたい尿意をもよおすころに声をかけています。子どものサインをよく見ることで、どれくらいの間隔で排尿しているか、認識し、確認することが必要です。一斉ではなく、一人ひとりに対応すると、結果としておむつも早くはずれるようです。

一斉にトイレへ誘っていたときにも、保育者はよかれと思ってまめに誘っていました。また、なぜか失敗させてはいけないといった思いが強くあったと思います。しかし、まめに誘うことでかえって尿意を感じる機会を奪っていたのかもしれません。

以前は、おむつ交換の場所はだいたいトイレの近くで、寝転んで替えていましたが、いまは場所を決めて、そこに少し目隠しになるつい立てを準備し、小さな子どもでもプライベートな部分を守る視点を持っています。

ささやかなことですが、こうしたことが具体的に一人ひとりを大切にすることだと思います。

ここでまた疑問が湧いてきませんか。「１対１で排泄に関わることはいいことだけれど、その間、他の子どもたちはどうしているの？」と。答えは、もちろん遊んでいるのです。やはり一人ひとりが夢中になって遊んでいる姿があるので、育児（排泄）に関わっていない保育者が余裕を持って

子どもたちを見ています。

　一人ひとりを大切にするといったとき、子どもにとっての手助けが必要なときに、ていねいに関わって手助けをする。そのことが、保育者が具体的にできることです。

　ここまで、子どもにとって主に手助けが必要な場面として食事、排泄について述べてきましたが、最後に、衣類の着脱の場面について述べていきたいと思います。

3　衣類の着脱

　子どもの衣類の着脱の手助けで、どの園でも考えられる場面は、室内外への出入りのときがあります。

　以前、へきなんこども園では、この出入りはただ移動をする場面で、室内での活動と外での遊びの移動をするだけであり、「ここの場面を大事にする」といった意識はありませんでした。したがって、嵐のように集団で移動するので、靴下や帽子も作業のように着脱したり、自分一人で靴を履いた子は左右反対に履いていたり、また、入室のときは作業のように手を洗わせていたりしていました。

①　室内外の出入りのときこそ

　「この場面は、子どもにとって手助けが必要で、時間をしっかりとっていねいに接する場面」と、価値観を変えることになりました。

　子どもが何人ずつ出入りするのかというと、食事のときと同じで、何人なら必要な手助けができるのか、ということから決めることになります。へきなんこども園では、０歳児なら１人ずつです。１、２歳児は２人ぐらいです。ただ、見ていると、１歳児でも１人のほうがよいのではないかと思えるときがあります。

　こうして子どもの移動におとなが１人ついてしまうと、そのほかの子どもたちはどうしているのでしょう。もちろん遊んでいます。

外に出るとき、座って靴下をはくところ（1歳児）

　乳児クラスでは、室内の遊びを見る人、外の遊びを見る人、移動する人の３人の保育者が必要です。でも担任はたいてい２人なので、１人足りないことになります。そこで私は、「この場面を、ぜひていねいに保育してほしいけれど、どうしたらできるだろうか」と保育者に投げかけてみました。この時期は保育者に産休が重なり、人手はギリギリの状態でしたが、「隣のクラスと連携してやってみます」と答えてくれました。

　実践してみると、だいたい部屋から出るのも入るのも30分、40分ぐらい時間がかかっているようです。

　早く外に出た子から室内に入るので、子どもたちの遊びの時間は、みんな同じぐらい確保されます。そうして手洗い、帽子や靴下、衣類の着脱など、それぞれのペースに合わせて保育者が寄り添っています。トイレの手

助けと同じで、靴下の先を足に入れることを少し手伝うことであとは自分でできるとか、子どもたち一人ひとりの発達に応じて声をかけたり、待ったり、手助けしたりします。

　こうして子ども一人ひとりの「ペースに合わせて」いくと、保育者は子どもの前ではなく、後ろを歩いている姿に変わりつつあります。

　基本的には、毎日同じ順番で移動します。その順番は食事の順番と同じにしています。

　ほかの園で、子どもたちが「もっと外で遊びたい」「早く中に入りたい」「子どもたちが思うように動いてくれない」などという話を聞きます。そうした場合考えられることは、子どもたちが十分遊べる時間があっただろうか、室外での遊びの環境はどうか、また室内に入っても遊びの環境が保障されているだろうかということです。子どもたちの「もっと」「早く」…の思いを、いろいろ考えることが必要だと思います。最近では、園庭がある、ないなど、さまざまな状況がありますが、子どもの育ちのどこを支え、何を大事にしたいかを考えて、それぞれの置かれた状況において工夫することは楽しいことです。

② 衣服の着替えは汚れたときのみ

　へきなんこども園では、衣服の着替えは汚れたときのみに行っています。食事で汚れることはほとんどないので、さほど頻繁にはしません。昼寝のときもパジャマなどに着替えないので、汚れていなければそのまま入眠していきます。家で昼寝をするとき、みなさんはパジャマに着替えていますか？

　園によっては、外から戻ったら着替え、昼寝の前後にも着替えている園もあるようですが、どういう理由でしているのでしょう。

　フランスやハンガリーなど、保育園自体の成り立ちが子どもの衛生管理から始まっている国もあり、そうした国では屋外の細菌などを持ち込まないために、子どもたちは室内に入るとき、室内着に着替え、保護者は室内に入れないといった状況もあったようですが、いまは衛生環境が変わり、

頻繁に着替えることもないようです。

　今日の日本で、衛生管理に気をつけるという理由で、日に何度も着替えているようなら、本当に必要かどうか、少し見直してもよいのではと思います。保護者にとっては、汚れていないのに1日に何枚も洗濯ものが増えることは負担になるかもしれません。

　また、昼寝の前に着替えている園の保育者に聞いた話ですが、衣服の着脱でボタンかけの練習になるからと言われていました。しかし、そのときの子どもの状況はどうでしょうか。おなかもいっぱいになり、眠たい状態ではないでしょうか。ボタンかけの練習とか指先の練習なら、遊びの中で体験できるように工夫してはどうでしょう。

　小さな子については、保育者が着替えさせることになると思います。すると、ていねいな食事の手助けが物理的にむずかしくなり、また子どもの眠気も覚ましたうえで、寝かしつけるのに長い時間 "トントンする" 状況をつくり出しているかもしれません。

③ 子どもの行動を待ちすぎている場合

　「保育者は、子どもの後を歩く」と前述しましたが、水遊びの後の入室の場面で、乳児が裸でタオルを巻いて移動するときなどは、保育者が抱っこして入室することもあります。

　「ていねいにしたら、とっても時間がかかってしまいました」という話を聞くことがあります。そうした場合には、たいていは工夫が必要です。どうしてそうなったのかを考えてみてください。おとなが待ちすぎている場合もあります。

　子ども中心で暮らしのペースを守るということは、子どもの言うなりになることとは違います。社会性を身につけることも必要ですし、気持ちに折り合いをつけることも必要です。また、おとながしていることの意味を伝えることも必要です。

　子どものペースを守りながら伝えたほうがよいことは、理由もいっしょ

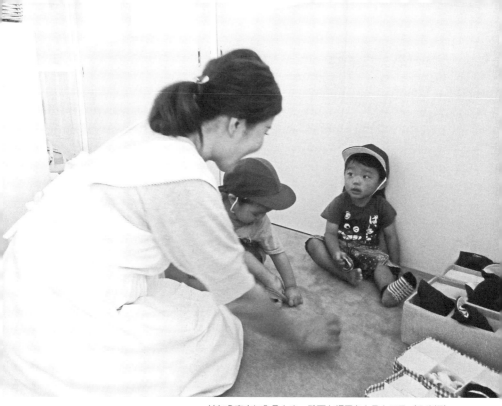

外から室内に入るとき、靴下と帽子をとるところ（1歳児）
全員で移動していたときには、靴下を「誰が・どこまで・自分一人ではけるか」わからなかったけれど、
一人ひとりをていねいに見るようになって、「どこまでできるのか」がよく見えるようになりました。

に、その都度伝えていきます。ときには、おとなの都合がある場合もあります。それはそれで、折り合いをつけて行う必要があります。すると、本当にそのときどきに考えて行動することになります。保育者も日々工夫して、創造的に仕事をするということです。

4 乳児の行事への参加をめぐって

それぞれの園ごとに考えがあると思いますが、へきなんこども園では、園全体としては運動会、発表会、作品展などの行事を普通に行っています。

運動会は、以前は1歳児から参加していました。当日まで毎日、1・2

歳児合同で、部屋で簡単なリズム遊びを踊り、それを遊戯として披露していました。それと、親子で参加してお菓子がもらえる競技をしていました。

しかし遊戯については、この年齢の子が大勢の人の前で、親から離れて演技することには無理があると考え、2年かけて話し合い、やめました。1年目は1歳児だけやめて、次の年は2歳児もやめました。

保護者の方は、小さい子の踊りなどはかわいいので喜ばれるかもしれませんが、子どもにとってはどうかということを大事にした結果のことです。もちろん、リズムに乗って踊ることが好きな子もいるので、日常の保育の中で踊ればいいと思います。なお、親子競技については、引き続き行っています。

発表会は、以前は2歳児から参加していて、無理のないようにと考えながらも、じつは、かなりしっかり演技などをやらせていました。しかし、このことも、保護者の方は喜ばれるかもしれませんが、子どもにとっては無理があると職員みんなで考えてやめました。

作品展も、以前は2歳児から共同製作と個人製作を発表してきましたが、どうしても保育者主導の共同作業になりがちで、やはり無理にすることはないということになり、いまは、2歳児の参加はしていません。

子どもたちは本当に素晴らしくて、させれば何でもしてくれます。しかし、そのことが誰の思いなのか、誰のためなのかを考えることは必要なことだと思います。へきなんこども園では、日常の遊びを大切にすることにより、子どもの最大の発達を促すということをめざしています。

作品展などに参加しなくなると、遊びの中で、描画、なぐり描きなどが充分にできる環境が豊かであったかとか、リズムを感じたり、身体を動かして楽しめる機会はどう準備し、実践したらよいのか、などについて考えていく必要があります。リズムや身体を動かして楽しむことに関しては、わらべうたを取り入れています。遊びの中で、保育者は子ども一人ひとりに向け、拍を意識して、アカペラ（無伴奏）で歌っています。また、子どもたちの遊びの動きに合わせて歌ったりしています。

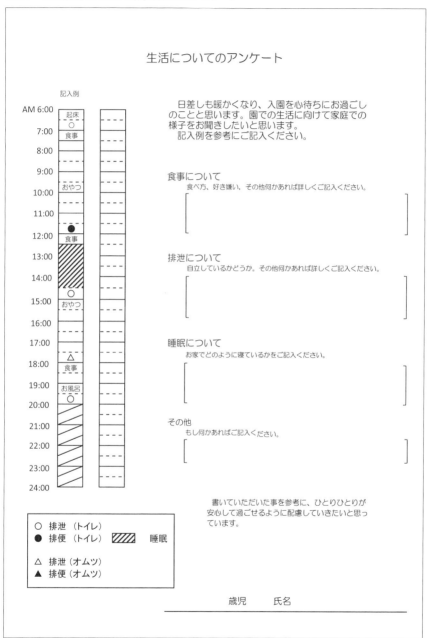

生活についてのアンケート

記入例

AM 6:00	起床
7:00	食事
8:00	
9:00	
10:00	おやつ
11:00	
12:00	● 食事
13:00	
14:00	
15:00	○ おやつ
16:00	
17:00	
18:00	△ 食事
19:00	お風呂
20:00	○
21:00	
22:00	
23:00	
24:00	

日差しも暖かくなり、入園を心待ちにお過ごしのことと思います。園での生活に向けて家庭での様子をお聞きしたいと思います。
　記入例を参考にご記入ください。

食事について
　食べ方、好き嫌い、その他何かあれば詳しくご記入ください。

排泄について
　自立しているかどうか。その他何かあれば詳しくご記入ください。

睡眠について
　お家でどのように寝ているかをご記入ください。

その他
　もし何かあればご記入ください。

　書いていただいた事を参考に、ひとりひとりが安心して過ごせるように配慮していきたいと思っています。

○　排泄（トイレ）
●　排便（トイレ）　　　[[[[睡眠
△　排泄（オムツ）
▲　排便（オムツ）

歳児　　　氏名

注：本文26頁をご参照ください。

第2章

心地よく くつろげる
室内の空間づくり

1 乳児の遊びの環境を整える

1　見直しのきっかけ

　乳児の保育で、1人または2人など少人数で食事をすすめるとき、他の子はどうしているのでしょうか。じつは、子どもたちは待っているのでなく、夢中になって遊んでいるのです。

　ていねいな保育の具体的な場面として、第1章では食事のことを取り上げましたが、じつは、遊びの環境を整えることも大切です。

　「保育園・こども園なんだから、おもちゃはあるし、遊べるに決まっている」と思いませんか？　私はそう思っていました。「お人形？　10体ぐらいありますよ。園全体でね」「おもちゃ？　もちろんありますよ。し

まってありますけどね」「いつも散らかった部屋で過ごすことはよくないと思うので、すっきりとした保育室で子どもたちは過ごしています。まあ集団だから、そんな感じで仕方ないかな」と思っていました。

　絵本を出せば、それが積み木代わりに立てられたり、線路代わりに子どもが踏んで歩いたりしていました。そして、保育者が「お壁さん」と言って、壁際に全員を座らせて本を読み聞かせるといった保育をしていました。

　つまり、保育者が主導権を握り、子どもたちを管理している状態でした。しかしその状態でも、子どもたち一人ひとりをよく見て、さらに、背中に目をつけて保育をしているつもりでした。「よく見る」という意味が、怪我などをしないように管理するためによく見ている、という状態だったと思います。つまり、子どもたちのことを信頼していなかったということです。

　そのような状態から遊びの環境を整える作業が始まりました。きっかけは、当時、名古屋コダーイセンターからわらべうたの講師として来ていただいた神谷良恵さん、牧村郁子さん、そして現在、くるみの木教育研究所主宰の町田千秋さんのアドバイスによるものでした。そうしたアドバイスにも園長の私がとても懐疑的で、「たくさんの玩具を出してしまったら、散らかってしまう」と思い、一番の抵抗勢力でした。

　しかし、たくさんの種類と充分な量の玩具を準備して、そこで遊ぶ子どもの姿を見始めると、とても必要なことであることが理解できました。そこで、食事の見直しのときも１クラスから始まりましたが、遊びの環境を整えるときも「やってみたい」というクラスを募集したところ、２歳児の１クラスが手を挙げたので、そのクラスから集中的に遊びの環境を整えていきました。その後は、まわりのクラスもそのクラスを見ながら、見よう見まねで環境を変えていきました。

　とりあえず、倉庫に入っていた玩具はすべて出して、それから手作りできるものはすごい勢いで作り、また100円ショップで調達できるものもあるだけ買って…という状態が続きました。

　遊びの環境を整えて、子どもが遊びを選んで集中できるように遊びを

1歳児クラスの遊び。それぞれが夢中になって遊んでいます。

守っていく。それと同時に、一斉での声かけをやめ、用事があるときは用事がある子の近くに行って言葉をかけるといったことを実践していきました。するとどうでしょう。その2歳児が3歳児になったとき、「あら、この子たち、とてもよく話が聞けるね」「4、5歳児の子どもたちより聞けている‼」と、保育者たちが実感したのです。

2　玩具の種類と部屋の配置

　保育の環境を試行錯誤しながら整えていく中で、玩具が何もない、もしくは申し訳程度にしかないところから、子ども一人ひとりが選んで充分に遊べるように種類と量を増やしていきました。質のよい木製の玩具も購入

するけれど、予算のこともあるので、安価に量を増やせる100円ショップの製品（おままごと用の食器［乳児には大きめのものが必要］など）も利用し、手作りできそうなものもできる範囲で作ってきました。では、具体的にどんなものを作ったか、挙げてみます。

- ・1歳児が大好きな布製の小さなトートバッグ（クラスの人数分）
- ・フェルト製の食材（ハム・チーズ・のり・レタス・パン・ごはんなど、切るだけで作れる）
- ・牛乳パックで作る小さな入れもの
- ・多目的な具材（花はじきなどで作成）
- ・人形のおんぶ紐
- ・子ども用のエプロン　　など。

　人形は、とにかく乳児の場合人数分あったほうがいいらしいということで、ぬいぐるみも含めて数を揃えました。そして、園にあった棚をすべて部屋に配置しました。新たに準備をする必要のある入れものは、なるべく自然物にこだわり、籐などのかごを整えていきました。

　子どもたちには申し訳ないけれど、初めのころはしょっちゅうあれこれ試しながら、頻繁に部屋の模様替えをしていました。どうしたら子どもたちにとって使いやすく片づけやすいか、そして遊ぼうと思えるか、おとなは考えに考えて準備をしているのですが、子どもはというと、物理的に玩具が増えればすぐに豊かに遊び出してくれました。そんな姿に励まされながら、「答えは子どもの姿が教えてくれる」と考え、それぞれのクラスで遊びの環境を整えていきました。そして、子どもたちは木、プラスチック、布など、さまざまな素材に触れるので安全性と衛生面に配慮しながら、色合いなども意識して、調和しているか、美しいかを考えました。

3　子どもの目線で

　こうして、何もない部屋で所在なしに過ごしていた子どもたちにとっての待ち時間が、すべて遊びの時間になる準備が整ってくると、子どもたち

は夢中になって遊ぶ姿を見せてくれるようになります。遊ばない場合は、子どもたちにとって何か不都合なことがあるということなので、どうしてなのかを考えます。玩具の出し入れがしやすくなっているか、棚の高さが合っているか…と。

机などが準備されていても、高さが合っていないと遊べません。逆に、高さの合っている机に座りやすい椅子が準備されていると、とても落ち着いて遊ぶ姿を見せてくれます。また、子どもたちにとってすべてが見えるようになっているかも考えました。乳児にとっては、「見えないものは、そこにないのと同じ」という感覚のようです。

部屋に入って、さまざまな玩具がぱっと目に入る、「わぁっ、楽しそう！」とおとなも思えるように設置するとき、へきなんこども園ではコーナーを作るといった考えは持っていません。コーナーを作るとつい囲ってしまいがちになると感じたからです。そこで、遊び道具（玩具）を置いたとき、その玩具で遊ぶスペースが子どもにとってわかりやすく準備されているか、そのとき、遊びの動線が他の遊びの動線とクロスしないですっきりしているか、と考えていきました。

いま現在、０歳児（３人）の部屋には、だいたい40種類ぐらい、１・２歳児（12〜14人）の部屋には90種類ぐらいの玩具があります。ままごと遊び、見立て遊び、構造的遊び、探索遊び、机上遊び、機能運動遊び、操作練習遊びなど、子どもたちがさまざまな興味関心を持ち、機能を発揮して遊べるように工夫しています。

答えは一つではありません。そこにいる子どもたちが教えてくれます。子どもたちは、そのとき、それぞれにとって発達に即す必要があることを楽しいと感じるようです。小さい子が狭い場所が好きなのは、その時期は自分の身体を認識するときで、そのために狭いところに入ることが大好きであったり、また、たくさんの量のものを抱えることによって量の概念を遊びの中で体験して学んでいるのです。「子どもにとって遊ぶことは学ぶことである」と言われています。その遊びを守り、保障することは、子どもたちの自発的な学びを保障し、支えることとイコールです。

上・1歳児、12人のクラス。1人に1体の人形を準備しています。
下・1歳児クラスの玩具。子どもが目で見て選び、取り出しやすいように、日常的に整理しています。

２歳児の室内遊び

4 「充分な量」とは？

　日本では、１歳児のころにかみつく時期があるということが常識のようになっていますが、この充分な量の玩具が準備され、それぞれの遊びが守られた環境が整うと、結果としてかみつきはほとんど起こらなくなります。では、「『充分な量』ってどんな量なの？」と疑問が湧いてくるでしょう。

　私は、量や種類などさまざまなものが充実した遊びの環境とは、そこにいる全員の子どもが夢中になって遊んでいる姿を見せてくれるとき、その時点で充分な量と種類の遊びの環境が整っているということだと考えています。つまり、子どもの姿に答えがあるということです。

整え始めるとき、一応の基準として、人形、ボール、車、バッグなど、子どもの人数分整えたほうがよいということで、とりあえず増やしていきました。同時に、発達に合った玩具という視点で整えていくのですが、一体何がよいのかと思案してばかりいてはなかなか先にすすめません。まず一歩踏み出して、いろいろな玩具を出してみたらよいと思います。すると、何で遊ぶかは子どもたちが選んでくれます。その様子を見て、さらに工夫をしていけばいいと思います。

　教科書にある発達の理論に合わせて準備しても、全員が興味を持って遊べるとは限らないようです。へきなんこども園でも、海外の評価スケールに示されているとおりに遊びの環境を整えてみたことがありますが、なぜか子どもたちは遊んでくれませんでした。どうしてだろうと考えて先述のような視点で整え直してみたら、おなじものにもかかわらず、とたんによく遊ぶ姿を見ることができました。物的環境が整っても、ちょっとしたことで遊んだり遊ばなかったりします。やはり大事なことは、あたりまえのことですが「子どもにとってどうか」という視点です。

5　くつろげることで

　また、子どもにとってどうかと考えるとき、「その子にとっての居場所があるか」ということも大事なことです。乳児の場合でも人数分の机と椅子があり、そこに子どもの個別に決まっているシールが貼ってあったりします。「一人ひとり、ちゃんと決まった椅子と机があるでしょ。ここが居場所です」と考えている園もあるかと思います。でも、もしおとなのあなたが、「この堅い木の机と椅子があなたの居場所です」と言われたらどうでしょうか。私は「嫌だな」と思います。

　おとなの勤務時間より長い時間を、小さい子どもたちはそこで過ごすのです。居場所というのは、安心してくつろいでいられるところ、疲れたら休んで、元気になったらまた遊んで…、そうしたことが保障されているところではないでしょうか。遊びの環境を整えると同時に、子どもにとっ

て、ほっとくつろげる場所が部屋にあるでしょうか。見てみてください。

　へきなんこども園では、各部屋にソファーと、もう1か所にクッションとかミニソファーを置いて、いつでも自由に休憩できるところをつくっています。見ていると、子どもたちは疲れたらそこでゴロゴロし、元気が出たらまた遊び出したりしているようです。

　多くの園では家庭的な保育を大事にしていると思いますが、子どもたちにとってくつろげることは、基本的に大事にしなければならないことです。

6　部屋の整理整頓と片づけ

　遊びの環境、くつろげる物的環境、部屋全体の色の調和、香りとか空気感…、そんなことも大事なことだと考えています。

　しかし、そうしたことを整える前に、まずは部屋の整理整頓と片づけをする必要があります。環境を整える前に、いつからあるかわからないもの、なぜここにあるのかわからないもの、確かに使うことはあるけれど、1年に1、2回しか使わないものなどは処分する、もしくはあるべきところに片づけてみてください。この機会に、見えないところの整頓もしてみてください。

② 幼児が夢中になって遊べる環境づくり

　次に、幼児の遊びの環境について述べてみたいと思います。

1　遊びを生み出すもの

　一人ひとりを大切にする保育を具体的に実践するためには、幼児においても、そこにいる子どもたち全員が夢中になって遊べる環境を整えることが必須となります。へきなんこども園が完璧というわけではありませんが、参考までに3・4歳児混合クラス20人の部屋にどんなものが整備され

ているか挙げてみます。以下のものはすべて、子どもが自由に取り出して
遊べるように準備しています。

●役割遊び

キッチン　スプーン　鍋　皿　カップ　お玉　泡立て器　包丁　衝立
テーブル等23種類ぐらい

おんぶ紐　人形（いろいろな人種の子ども、動物）　人形の布団　人形
の着替え衣類　エプロン　ベビーカー　ゆりかご　シフォン布　衣装
（10種類以上）　帽子　毛布　お医者さんごっこ　ドールハウス

●構成遊び

積み木（大、小、4種類）　リアルな動物　木の動物　小さな人形　車

（木、プラスチック）　汽車　線路　Ｂブロック　レゴブロック（大）
ペタペタブロック　大型積み木
●描画工作
　　色鉛筆　クーピーペンシル（プラスチック色鉛筆）　型描き　広告紙
　　白い紙　折り紙　折り紙工場（折り紙を作る道具）　塗り絵　イーゼル
　　カラーマグネット
●机上
　　レゴブロック（小）　パズル（立体、紙）　マグネットパズル　粘土
　　トランプ　かるた（年長児は、すごろく、オセロ、ボードゲーム、バラ
　　ンスゲームなど）
●楽器
　　グロッケン　シロフォン　マリンバ　ウィンドチャイム

　子どもの様子を見る限り、どの時間、どのクラスでも退屈することな
く、それぞれの遊びを展開しています。そして、空間、道具が準備され、
遊びが守られている状態があると、保育者に一人ひとりと具体的に関わる
余裕が生まれてきます。
　ここで、一つ気をつけなければいけないことがあります。子どもたちは
放っておいても遊んでくれているので、ついつい目を離してしまいがちに
なるということです。やはり、「よく見ておくこと」がとても大事です。
そして子どもたちの様子から、次の保育のヒントが見つかったり、もちろ
ん、遊びをとおして子どもの発達の様子が見えてくるようです。

2　住空間としての環境 ①…くつろげる雰囲気と場所

　乳児の保育について述べた際にも少し触れましたが、幼児の各部屋にも
ソファーを置き、もう１か所、１人、２人とか少ない人数でくつろげるス
ペースを準備しています。
　幼児にとっても、１日の中で長い時間を過ごす部屋にほっとくつろげる

おままごとで遊ぶ（3・4歳児）

雰囲気と場所を整えることは不可欠だと思います。まだまだ小さな身体な
のです。疲れたら休める場所はぜひ整えてほしいと思います。

3　住空間としての環境 ②…壁面構成はしない

　へきなんこども園では、30年前から壁面構成はしていません。家庭では
紙で作ったものなど、あまり飾らないですよね。園で壁面を飾ることの意
味としては、季節を感じるといったことでしょうか。

　そう考えると、何も工作したものを飾らなくても、季節を感じられる
「しつらえ」を、自然のものを使ってアレンジしたらいいかと思います。
誰が見ても「わぁ、素敵」と思えるようなお部屋になっていたらいいなと

玩具の収納（3・4歳児）

思います。

　そのためには、以前から「隅を光らす」「見えないところをきれいにする」「色の調和を考える」「むき出しのダンボール箱などは置かない」などといったことを日常的にしてきました。

　それから、壁面構成をしないことで、もう一つプラスの点があります。それは、保育者が作業に時間をとられないということです。

　こうした工夫の先に、職員の時間の使い方が変わってくることもあります。へきなんこども園の場合は、基本的に残業と持ち帰りの仕事はありません。保育の中での連携とともに他の仕事においても連携をよくし、働きやすい環境ができてくるようです。一人ひとりの子どもを大切にすることと、一人ひとりの職員を大切にすることは、おなじことだと思います。

4　保育室の音の環境

　自由に遊んでいるときにピアニカを自由に弾いてよいことにしていたら、園の隣に住んでいらっしゃる方から「夜勤明けで、その音が響いて眠れない」との苦情を寄せられました。私たちは、ピアニカを弾くことを考えるきっかけをいただいたと考え、職員会で話し合いをしました。

　それまでは、年長児のほぼ全員が何曲も弾けるようになって卒園していったものです。しかし、確かに音が大きくて、少し頭に響くといった状況がありました。また、小学校でも習うけれど、どの程度やるのだろうかといった話になり、入学後に少し助けになると考えるのはどちらでもいいのではないか、保育室の音の環境を考えたとき、練習する過程ではあまり美しい、落ち着いた音というわけではないかもしれない、といった声もあがり、職員みんなで考えました。

　そしてその結果として、園でピアニカに取り組むことはやめることにしました。ただ、美しい音に触れたり、楽器に自由に触れる機会はぜひ整えたいと考えました。そこで考えついたのが、誰がどの音（鍵盤）を叩いてもきれいな音の出るグロッケンでした。

　いつでも演奏できるように準備したところ、子どもたちは日常的に演奏を楽しみ、好きな曲はいつの間にか演奏ができてしまうという状況になっています。バチの持ち方や音の出し方は、保育者がその都度声をかけています。

幼児の生活の基本と保育の手立て

　最初は、**乳児の遊びの環境を整える**ことに夢中で、**幼児の保育**にまで思いが至らなかったのです。第2章では、2歳児の1クラスから遊びの環境を整えて、言葉かけも一斉にするのではなく、伝えたいことがある子の近くに行って、その子に話すという実践をしたクラスの子たちの育ちが素晴らしく、落ち着いて話が聞けるように育っていった、と述べましたが、幼児の保育については「いったいどうしたらよいのか」という疑問を持つところから始まりました。

① 日々の生活を見直す

1　遊びの環境

やはり、遊びの環境を整えることは必須条件だろうということで、とり

あえず、園にあるだけの玩具を集めて部屋に設定することにしました。しかし、充分な棚がありません。棚はおいおい買い揃えるとして、まずはロッカーを整理整頓して、空いたところを玩具の棚にしたりしました。

環境については、第2章で述べたとおりです。そして、いままで一斉にしていた絵を描く、ワークをするなどの活動を、ていねいに保育できる人数ずつですすめることを担任たちは考えてくれました。

そうしているうちに、机と椅子をいつでも人数分置かなくてもよいということになり、数を減らすクラスも出てきました。机と椅子を減らすことで、遊びのスペースを確保できるようになりました。

4、5人でする活動を、2、3人ずつで行うということは、保育者にとってはとても時間がかかることですが、一人ひとりの発達を見るという意味では、本当にていねいに見ることができるようです。そして、今まで一斉にしているときに気づけなかったことにも、気づけるようです。

例えば、「1、2、3、4、5」などと数えることができていても、実際の数の概念が形成されていなかったりすることもあります。「何が理解できていて、何がわからないか」がわかり、個々の発達に寄り添った保育ができるようです。

2　食べたい子から食べ始める

机の数を減らすと、昼食はどうなるのでしょう。いまは、全員いっしょに食べることはしていません。どういうことかというと、それぞれのタイミングで遊びに区切りをつけて、席が空いていたら食べたい子から食べ始めています。食事の準備が始まると、遊びに区切りをつけて、早々に座って待っている子の姿もあります。

みんなおなじ時間に一斉に食事をしていたときは、保育者の「食事ですよ」の合図で全員が席に着いて待っている姿がありましたが、おなじ食事を待っている姿でも意味が違います。それは、保育者の「待っててね」という指示によって待っていることと、自分でおなかがすいたから早く食べ

ようと思い、遊びに区切りをつけ、席を確保して自発的に待っていることの違いです。

　食事をみんなでいっしょにとることはよいことだと思います。また、日本の食育にも含まれることだという考えもありますが、20人、30人の家族ってあまりないかもしれませんね。さらに、実際食事の席に着いてからかなり長い時間、待っていることがあるようです。待つことは悪いことではありませんが、長い時間待ったうえに、決められた量を個々のニーズにかかわらず「残さず食べなさい」ということは、小さい子にとってはなかなかたいへんなことかもしれません。

　へきなんこども園では、子どもたちは自分のおなかのすき具合を自分で感じ、自分で時間を決めて食べています。しかし、おとなの都合もいろいろあるので、「○時ぐらいまでには食べてね」と伝えてあります。こうした方法にも、子どもたちはすぐに慣れてくれました。

　以前、毎月１回、一人暮らしの高齢者の方を食事に招待していました。食事の形式をどうしようと考えましたが、食事を自分のタイミングで食べる形式で、お客様をお迎えすることにしました。しかし案の定、お客様より先にさっさと食べてしまう子もいて、理由を知らないお客様には、なんだか失礼な感じになってしまいました。

　そこで次の月には、子どもたちに「きょうはお客様をお迎えするので、みんなでいっしょに食べるよ」と伝え、いっしょに食べました。もちろん何の問題もなく、子どもたちは待つことができました。一人ひとりを大切にすることで、集団での行動がむずかしくなるということはないようです。

　こうした食事を続けて、あるとき気がついたら、子どもたちが姿勢よく食べている姿がありました。ダラダラ食べている子どもは一人もいません。そのことは私たち自身が驚き、感心してしまいました。

　どうしてそういうふうに育ったのでしょか。「静かにしなさい」「集中して食べなさい」「姿勢よくしなさい」といった言葉をかけているわけではないのです。日常の積み重ねで、結果として、こうした素晴らしい姿を見せてくれるのです。

上・コロナ禍で、対面を避けて食事をしています。
下・ソファで絵本を読む（４歳児）。他の子はそれぞれ遊んでいます。

第３章　幼児の生活の基本と保育の手立て

なぜかと考えてみると、誰かに指示されたから行動するのではなくて、日常の中で、毎日自分で考えて行動することをしているからではないかと思います。自発的に行動している、また遊びの中でさまざまに身体を動かすことにより、身体の発達が促され、結果として、姿勢がよくなっているのではないかと考えています。

3 「させる」から「支える」への転換

こうした取り組みを始めてしばらくたったとき、私が園庭で草取りをしていたら、保育者の「はい、いまから食事にしますよ」という、子どもたちへの声かけが聞こえてきました。

ふと「この言葉かけって必要かな」と思い、その保育者に「そう言わないと生活がすすまないかな」と聞いてみました。すると、「習慣的に言っていましたが、声をかけなくても、子どもたちはわかっていると思います。自分の区切りのために言っていたかもしれません。クラス全体に向けての声かけはやめてみます」という返事が返ってきました。

もちろん、その声かけをやめても何の不都合もなく、子どもたちの生活は問題なく続いていきました。

「『食事ですよ』と声をかけることが、なぜよくないことなの？」と思われる方もいらっしゃるかもしれません。言葉をかけること自体はよいのですが、「言葉をかけることにより、おとなが指示したら何かが始まる」「おとなの合図で生活が営まれていく日々になっている」という見方ができます。そこで、見方を変えると、「子どもたち自身が生活の見通しを持って、日々を過ごす」といった日常に切り換えていく、具体的な実践の取り組みとなっていくのです。

保育者自身それぞれが「自分はどんな言葉かけをしているのか」と客観的に見てみる、そして、それぞれが自身で気づきを得ていくときに、保育のスタンス・意識が、「させる」から「支える」に少しずつ転換していくように思います。

2　幼児の保育の手立て

1　課業とは

　前述のように、いわゆる設定保育については、保育者がていねいに見られる人数ですすめる方法を考えて実践していますが、「課業」という方法を新たに学ぶことにしました。

　この課業は、ハンガリーの保育で実践されていて、ハンガリーでは毎日必ず行われています。環境認識・体育・文学・音楽（わらべうた）・描画の5領域のことを基本的に1週間の中で1回行う決まりになっているようです。しかし最近では、一つの領域のことをバラバラに行うのではなく、「統合課業」として複合的に行われることが多いようです。言葉の表現は違いますが、日本の保育所保育指針、認定こども園教育・保育要領、幼稚園教育要領の「領域」と重なるものであると考えます。

　課業を進めていくときの視点として、元 名古屋コダーイセンター講師の牧村郁子さんがまとめた研修会資料を引用させていただいています。

〈全体の視点〉
　　①　テーマに継続性があるか
　　②　テーマは計画的に組み立てられているか
　　③　他の課業、遊びにつながりがあるか
　　④　自由な遊びの中で、そのテーマが再現できるようなおもちゃや道
　　　　具、環境設定はされているか
　　⑤　簡単→むずかしい、全体→細部へと組み立てられているか
〈課業の中身〉
　　①　子どもが主体的に参加できているか
　　②　子どもにとって、その課業が遊びとしてとらえられているか

③　感覚器官をフルに使えるような内容になっているか

④　可能な限り実物を使用できているか

⑤　体験と結びつき、活かされているか

⑥　行為や活動が、言語化されているか

このまとめは、実際に課業をしていくうえで、とても参考になる基本的なことが示されています。ここで、何かお気づきになりませんでしたか？

私は、この視点は課業のみではなく、日々の保育の中で、ぜひ大切にするとよい視点だと思います。

2　カリキュラムと課業

さて、この課業を日本の園で実践しようとすると、どうなるのでしょう。

へきなんこども園では、幼児クラスは5歳児クラスも、4歳児・3歳児の混合クラスも基本的に週1回課業を行っています。その他の日にはいままで実践してきたカリキュラムがあり、毎日何らかの設定保育をしています。絵を描いたり、劇の練習であったり、体育であったり…と、一人ひとりを大切にする具体的な保育に取り組む前から自園のカリキュラムがありました。そのカリキュラムと課業をどう実践していくのかを、保育現場からの目線で考えて実践しています。

課業を取り入れることが目的ではなく、一人ひとりを大切にする具体的な保育を実践するにはどうしたらいいのかと考え、その結果、前述したように、絵画やワークなどは2人とか3人ずつですすめていく方法を見つけ、実践しています。しかし、やはりていねいにするには物理的に時間がかかり、そんな中で課業をするとなると、保育者にとってはかなりの工夫とエネルギーが必要です。それでも意図的に、子どもたちが学ぶ機会の一つとして、週に1回は課業の実践をしています。

子どもの自発的な遊びを守り、保障する中で、最大の発達を保障し、引き出すことと同時に、幼児については、おとなが意図的に学びの機会を提供

上・3・4歳児の課業…テーマ「自然を知る」／絵本『はっぱのいえさがし』
（「ちいさなかがくのとも」2016年11月号、福音館書店）や園庭の葉っぱを使って。
下・「自然を知る」をテーマに、自然にまつわる絵カードを使っての課業の一部

していくことが大事です。いままで行ってきた設定保育の中にもこうした考えは含まれているのですが、本当におもしろいと思えるような活動、保育者自身も目を輝かせてできることを見つけられたら素敵だと思います。

私は、保育者たちに「何かおもしろいことをしたら」とよく伝えていますが、現実的に課業には年間のテーマ、月のテーマがあり、それにもとづいて課業を行っていますので、保育者たちはなかなか苦戦しています。

ある年から、年間のテーマと月のテーマを幼児の全クラスで同じにしようということになりました。例えば、ある年の年間のテーマは「自然・社会」。ちなみに9月のテーマは「身体」、10月は「季節」、11月は「素材」と決めました。

同じテーマにすることで、教材の準備など互いに助け合えるのではないかと考えたからです。これはおとなの都合ですね。本来は、そのときどきの子どもの興味関心や、社会のうごきなどを見ながら、領域にあることを毎週1回は行っていくものですが、ときとして、子どもの興味や関心によってテーマに幅をもって実行しているようです。

ただ、保育者たちは日常を大事にしながら、あれこれみんなで考えながら前向きに取り組んでいます。そんな保育者たちの姿を、うれしい気持ちで見守っています。

3　作品展・運動会のこと

課業に取り組み始めて3年ほどしたころ、ある保育者が実践していく中で気づいたことですが、作品展で作品が発するエネルギーが違うように感じたと言うのです。つまり、やらされて作った作品ではなく、おもしろくてどんどん作った作品なので、当然そのパワーが違ってくるのですね。遊びとおなじで、おもしろいからどんどん作っていく活動になっているということです。

また運動会でも、子どもたちの姿が素晴らしいことに感動してしまうようになったのです。

部屋中でそれぞれの遊びを楽しんでいます（5歳児）。

　2011年に園庭を緑化しました。それまで、運動会では演技ごとにいっぱい白線を引いて、一生懸命に指導していました。私が「緑化したから、白線を引かなくてもいいんじゃない」と話したところ、保育者たちは「え〜、白線を引かないんですか〜」と言っていたのですが、子どもたちは白線がなくても、みごとに演技ができたのです。

　そして、子どもたちは乳児期からとてもよく話が聞けるので、開会式、閉会式なども、自然に話が聞けてしまうのです。主任が以前の運動会のビデオを見たら、「先生たちは厳しい表情で、子どもたちに厳しく指導していたのですが、そのときの子どもたちが並んでいる姿より、さらっと練習しているいまの姿のほうがゴソゴソしている子もいなくて姿勢もよく、すっきり立って話もよく聞けていましたね」と言っていました。

一人ひとりを大事にすることで、集団で活動するときにもより素晴らしい集団ができあがるようです。このことは、一人ひとりを大切にする具体的な保育をすることで、結果としてそうした育ちを見せてくれているのです。つまり、就学に向けて必要な力も結果として育つのです。

　学校に入学してから45分間座るために、座る練習をするのではないのです。日々充分に遊びの時間・空間・道具を保障して、さまざまな遊びをとおして体を動かした結果として、体（筋肉）も発達し、長時間座っていても無理なく体をまっすぐに保っていられるようになるようです。

4　発表会のこと

　へきなんこども園では、毎年12月の初旬に発表会を行い、保護者のみなさんにも子どもたちの成長を見ていただいています。どこの園でも行われているような、一般的な発表会だと思います。第1章でも述べたように、3歳未満児は参加しません。3歳以上児がクラスごとに、創作劇の中にうたやわらべうた、楽器の演奏も盛り込んで発表しています。

　一人ひとりを大切にする具体的な保育に取り組む中で、どんなことを発表したらよいかと考えながら取り組んでいます。しかし、みなさんから「あたりまえのことで、当然そうしている」という声が聞こえてきそうです。

　以前は、「5歳児が、全員そろってピアニカなどが弾けるように」などの目標を立てて、子どもたちも保育者たちも頑張っていました。しかし「全員がおなじことをしなくてもよくない？」「得意な子が、得意な楽器を演奏すればいいかな？」というように考えて、やめることにしました。やめることがよいということではなく、そうすることを選んだということです。

5　わらべうたのこと

　発表会の中で、たくさんの「わらべうた」を歌います。日常の中で取り組んだそのままを発表に取り入れて楽しんでいます。劇の中で「いっしょ

運動会
上・閉会式：最後までちゃんと話を聞いています。
下・５歳児の遊戯：遊戯によってさまざまな発達を見せています。

に遊ぼう」というと、それがみんなわらべうたになってしまって、少し違和感を感じるのですが、それはこれから工夫していこうと思っています。

　私は、わらべうたの専門家ではないのですが、なぜわらべうたを保育の中に取り入れているのか、実践の中で考えた意味を少し述べてみたいと思います。

　まず、拍をとるということ。歌うときに拍を意識して歌う、これが基礎になります。

　乳児に向けて歌うときは、その子の呼吸に合わせて歌う、みんなに向けて歌うのではなく、目の前の一人に向けて歌うことを大事にします。すると、よく聞くということが身につきます。拍が刻めてリズムがとれるということは、言葉の発達にもつながります。

　おとながきれいな声で自分のために歌ってくれることは、子どもの心の安定、心地よさを感じることにもつながります。そして、幼児にとっては、役決めや役交代、またルールを理解し、勝ったり負けたりといった感情を伴う体験にもつながります。

　現在の脳科学によると、おとなが一人ひとりの子（目の前のその子）に向けて歌っていると、隣にいる子は、その状況を脳内のミラーニューロンの働きにより自分に向けて歌っているかのような体験をするといったことが生じるそうです。どうやら子どもは、大勢のみんなのために歌われている状況より、一人に向けて歌われている状況のほうがより親密なこととして感じるらしいのです。

　こうしたことからも、「目の前のあなたに向けて、語りかけたり、歌ったりすること」は、より親密な信頼関係を築いていくうえで有益であることがわかります。そして、できることならば、きれいな声で歌ってあげられたらいいなと思います。

　以前、スウェーデン、フィンランドに出かけたときに、子どもたちがうたを歌ってくれ、聞く機会があったのですが、とてもきれいな歌声に感動しました。みんなでそろって大きな声でというものではなくて、日常の中で、小さなグループで歌ってくれたときも美しい声で歌っていました。日

5歳児のわらべうたの課業：5歳児は全員参加です。

常的に美しい声で歌っていることが現れているのだと思いました。

　へきなんこども園でも、音楽の基礎になることや、また言葉の発達の基
礎となるようなことが、楽しみながら自然に、子どもたちに身について
いったらと願いながら、いまは毎日の朝礼で保育者もわらべうたを3曲
歌っています。まず、覚えていなければ歌うこともできませんから、1週
間おなじうたを歌うとして、1か月に12曲、12か月で140曲ほどを歌うこ
とになります。それを、ぐるぐると繰り返しています。それで、保育者も
だんだんと身につけていっているようです。こんなことも、限られた時間
の中で保育に必要と思うことを実践する工夫の一つです。

　また、わらべうたとともに、日本で昔から歌われているうたにも、もち
ろん触れてほしいと思っています。いろいろな思いのある中であれこれ考

この日、5歳児たちは園児全員分のホットケーキを一日がかりで焼きました。
そして、自分たちで作った園庭のブルーベリーのジャムを添えて、テラスでおやつタイムです。

えて、保育者と相談しつつ、バランスをとりながら日々の保育実践につな
げているところです。

　ところで、どうして毎日の朝礼でわらべうたを3曲歌うことを考えつい
たのかと言いますと、ハンガリーでの保育研修の際、ブダペスト大学の幼
児教育学科で、音楽の講義を見学する機会がありました。そこで大きな衝
撃を受けました。前期試験でわらべうた40曲、民謡20曲が課題となると聞
きました。ということは、2年間で240曲も学んでいるということで、日
本の保育士養成校での学びとのあまりの違いに愕然(がくぜん)としました。

　そこで、日本の日々の保育現場で何ができるのだろうかと考えたとき、
「毎日少しずつ歌うこと」が浮かんできたのです。1日5曲、その5曲を1
週間歌うとすると、月20曲になり、それを12か月続けると240曲になるで

はありませんか。しかし、毎日の朝礼に長く時間をとることはむずかしく、しかも保育者はシフト制勤務のため、すべての保育者が一堂に出席できないので、毎日3曲を歌うことにしました。音（旋律）が必要であれば、リコーダーを使っています。これをぐるぐる続けているうちに、保育者全体に浸透していっているようです。

　幼児の部屋には、ピアノもしくは電子ピアノがあります。子どもにとって無理のない音域があり、無理をして大きな声を出して歌い、声帯を痛めることがないようにといったことも考え合わせながら、ピアノの伴奏に合わせてうたも歌っています。

　また、以前は乳児の部屋にも電子ピアノなどを置いていましたが、いまはもっぱらアカペラで歌うので、遊びのスペースを確保するためにも片づけてしまいました。

　へきなんこども園では、特別な保育をしているわけではなく、作品展や運動会、発表会、ワークなどもあります。こうした以前から継続している設定保育を行うとしても、一人ひとりを大切にする具体的な保育を実践するという視点を持って取り組むと、同じ行為でも、子どもたちにとってその質が変わってくると思います。

　答えは一つではないので、保育の方法はさまざまですが、アプローチの仕方によって一人ひとりをていねいに見ながらの実践になり、保育が変わり、子どもたちの姿も変わってくると思います。

　多分このことは、プロジェクト型の保育や、イタリアのレッジョ・エミリア市の保育を取り入れた保育などをしていたとしても、同じことが言えるのではないかと思います。

第4章 特別な配慮が必要な子どもの保育

① インクルーシブな保育

1　自分で考えて行動する姿

　2018年の夏に、私が驚きを持って見た５歳児の姿を紹介します。

　５歳児がホールで運動会の遊戯の練習をしていました。まだ３回目の途中までだったようですが、とても上手にできていました。

　「すごいな〜」と思って見ていたら、担任が「とても上手だったから、みんなが大好きなリレーやろうか〜」と言いました。その言葉一つで、子どもたちはさ〜っとリレーをするための順に並び、座って待っている姿になりました。担任が「はい、いまからリレーをするので、ここに並んでください」と言ったわけではなく、「みんなが大好きなリレーやろうか〜」

66

と言っただけなのです。

　保育者の指示によって行動したのではなく、保育者の言葉がけによって子どもたち一人ひとりが考えて行動し、準備の列が整ってしまったのです。こうした力は、就学に向けての力の一つではないでしょうか。

　しかし、あまりにみごとで驚いたのですが、完璧というわけではなかったのです。そのとき、3人ほど窓辺に行って外を見ていた子がいました。

　保育者はもちろん認識していましたが、声はかけずにリレーの準備を続けていました。そして、準備が整ったタイミングで、その3人もみごとに自分の位置に戻って、スムーズにリレーが行われました。その3人の子は、少し特別な配慮が必要な子たちでした。

　この一連のことで、保育者の許容範囲の広さと、子どもを信じる姿にまた感動したのです。さらに、ここで見せてくれた子どもの姿は、自分で考えて行動し、待つという姿です。そして、窓辺に行って外を見ていた3人についても、保育者の姿が示しているように、子どもたちも非難することもなく、受け入れつつ、自分は自分のすることをするという姿を見せてくれたのです。

　このことは、「インクルーシブ」（子どもの年齢や国籍、障がいといった「違い」をすべて受け入れて、お互いの存在を認め合い、ともに育ち合うこと）と言われることに基づいた保育だと思います。本当に素晴らしいと感じました。

2　特別な配慮が必要な子どもたちへの対応

　へきなんこども園でも、特別な配慮が必要な子どもは年々増えているのが現実です。充分な人手を確保することがなかなかむずかしく、そうした子どもたちへの対応に、保育現場では日々心を砕いているところです。

　一人ひとりを大切にする具体的な保育を実践するとき、現実には一人ひとりのニーズがじつにさまざまで、発達の状態はやはり専門知識がないと見極めることがとてもむずかしいと思います。そんな中でも一人ひとりに

寄り沿い、ていねいに関わることで、本当に驚くほどの発達を見せてくれます。

　3歳のときには集団に入ることはとても無理で、保育室の隅でカーテンに隠れていた子が、4歳のときには、運動会の遊戯でその場にいることができるようになり、5歳になったときには、言葉はまだはっきり出ないのですが、発表会でとても楽しそうに劇をする姿を見せてくれました。見ているだけで、こちらも楽しい気持ちになるような演技です。

　そうは言っても、約20人のクラスに、2、3人特徴のある子がいて、またその子たちにつられて盛り上がってしまう子がいる中で、一人ひとりを大切にすることは、なかなか悩むことが多く、一筋縄ではいかない個性的な子どももたくさん抱えながら、保育者は日々格闘しているのが現実です。

　へきなんこども園の現在の人員配置は、3、4歳児は混合保育で、合わせて20人前後を担任2人で保育しています。3、4歳児クラスは合計4クラスあります。5歳児は5歳児のみの保育で、2クラスあり、担任は各1人です。

　ちなみに、配慮が必要な子の保育には「加配保育士」として4人を配置することになっていますが、1人しか配置できず、しかもその1人が育休に入り、ついに「加配保育士」は1人も配置できない状況になった時期もありました。それでも現場の保育者は悩みながら、一人ひとりの発達を支えることを大事にして、日々の保育をしています。

　冒頭で述べた、「とても上手だったから、みんなが大好きなリレーやろうか〜」という言葉がけだけで、子どもは考えて次の行動ができて驚いたということは一つのエピソードにすぎません。日々、こうした場面が積み重なっているのです。

　その場の言葉だけを変えてもそうはいかないかもしれません。変えないよりはいいですが、どうしたら子どもたちが話をよく聞いて考え、行動できるかと言えば、やはり日常の中で、保育者が子どもをよく見て、話をよく聞くからだと思います。その子、その子を尊重する会話を続けているからだと思います。

園庭の小川での遊び

3　インクルーシブな保育のもう一つのエピソード

　園庭に小さな川が流れているのですが、その水に、外のテラスで遊ぶための木の積み木を濡らして遊んでいる子（4歳4か月）がいました。

　私でしたら「積み木は濡らさないで」と言ってしまうところですが、保育者が「何しているの？」と尋ねました。するとその子は、「チョコレートケーキを作ってるの」と答えました。

　私はその話を聞いて、「ああ、確かにね」と思いました。積み木は濡れて色が濃くなり、チョコレート色になります。

　やがて、だんだん乾いていったとき、子どもが「あれ！　先生、色が変

わってる」と大発見をしたように言いました。そこで保育者が「触ってごらん。ここ、もう濡れてないね」と答えると、その子は「じゃあ、もう1回濡らして、チョコレートケーキにしたい」と言って、また濡らして遊んでいました。

こうしたやりとりが、子どもに寄り添うということではないでしょうか。

じつは、木が水に濡れて色が変わることを見つけたこの子は、かなり発達に特徴のある子で、発表会で行う劇の練習をしているときなどは、いつも自分の好きな動きを楽しそうにして、ときには舞台からも飛び出してしまうような日常を過ごしています。そして、この子につられて3人ぐらいは毎日お祭り騒ぎといった様子になっていました。

そんな中でもほかの子はしっかりとした日常を過ごしながら、それぞれの遊びやさまざまな活動に集中しているのです。

発達に課題のある子は、私たちが「いまそこではそれをしないだろう」と思うようなことを、楽しそうにしています。まわりにいる子どもたちは、怪訝（けげん）そうな表情をしながらも非難することはせず、いま自分がするべきことをしています。子どもたちは、自分とは違うその子の行動を、その子はそういう子なのだとそっくりそのまま認め、受けとめているのです。なんと寛容で大らかな態度でしょう。子どもたちの人としての幅広さに感動してしまいます。

やはり、一人ひとりを大切にする具体的な保育を実践していると、インクルーシブな保育と重なってくるようです。

2 配慮のポイント

1 専門家の助けを借りる

一人ひとりに寄り添う過程で、もう一つ必要なことがあります。それは、作業療法士の先生などと連携し、発達に課題のある子の育ちをよりて

上・外から室内に入るときに、手洗いをしているところ（2歳児）

下・角が取れて丸くなった木づち

　1996年4月1日から使用されています。ずっと長く子どもたちが遊び続け、その間木づちでほかの子を叩いたという報告はなかったと思います。子どもたちの手首や固有覚（「身体内部の目」のような働きをしています）の発達を支え続けてきた玩具です。

いねいに理解することです。

　まず、その子を「よく見る」ということですが、よく見るだけでは理解するのがむずかしいことがとてもたくさんあります。なにしろ、その子、その子の発達の特徴はまさに一人ひとり異なっており、また専門の知識がないとわからないような、思いもよらない特徴を持っているのです。

　例えば、視覚の情報を得ることは優位なのですが、自分自身の行為が認識できないとか、シャワーの水が当たることが、その子には剣山で刺されているほどに感じている、など。こうしたことは、やはりその道の専門家の助けを借りなければ理解しがたいことです。こうした連携がなければ、インクルーシブな保育において、一人ひとりを大切にする具体的な保育を実践することはむずかしいと思います。

　へきなんこども園のある愛知県碧南市では、市内各園を作業療法士、言語聴覚士などの先生が年に何回か巡廻するシステムなどがあります。それによって、保育者は保育に対する専門性をさらに高めつつ、日々ていねいな保育を実践しています。

　その結果として、子どもは著しい発達を見せてくれていると思っています。もちろん、子どもたち自身がそうした力を持っているということにほかならないのです。

2　普通と思っている枠を広げる

　保育現場では、どうしても、「発達に課題がある」などと表現してしまうという視点があると思われます。

　しかし、そうした振れ幅の大きい個性こそが、これからすすんでいくであろう予測不能な社会にとって、とても大事な個性を持った人になり得るのではないかと思うのです。保育者が、どうしたらよいのかと考える中でも、自分たちの考える「いままで普通はこうと思っていた枠」を、もっと広げる必要があるのではないかと思います。

　私は、園の保育者には「普通と思っている枠を広げよう」と伝えていま

す。しかし、そのことを実際の保育の中で実践するとき、やはりそれぞれの子がどんなことに興味を持っているのか、どんな遊びをしているのか、と一人ひとりを大切にする視点と具体的な実践が必要です。しかし、特に集団で行うことを求める保育では、上手くいかずに困ったと思いがちな保育者の姿を目にします。

けれども、よく見ると、特徴を持った子どもたちは、とてもユニークな感性を持っていたり、創造的な遊びをしていることが多いように思います。そうした子どもたちの個性を理解しつつ遊びを見守り、さらに発展するような手助けができたならば、素晴らしいことだと思います。少なくとも、そうした創造性をつぶさないように気をつけていきたいものです。

特徴を持った子どもたちへの関わりについて述べてきましたが、そうではない子どもたちに対しても、当然おなじことが言えます。つまり、一人ひとりを大切にする具体的な保育の実践をするとき、そこにいる子ども全員が含まれています。

3 多様性を受け入れる

そして、一人ひとりを大切にするということは、多様性を受容する、受け入れるということでもあります。このことを実践するためには、まず判断せずにその子を受けとめることが必要になります。

ものごとには二面性があり、見る方向によって良くも悪くもなるように思います。どこをどうとらえ、どう見るかによって、子ども一人ひとりの個性をとらえる視点の幅も広げたいものだと思います。

毎日繰り返される日常の中で、一つひとつの小さなことに、ていねいに向き合うことで、気づけば結果として、全体的な発達が促されることを実感しています。

第**5**章

気づいたら
実践されている
子どもの権利条約

1 保育という仕事の価値観を変えてみる

1 「全体的」「まるごと」という視点

　目の前の小さなことを一つひとつ実践していると、いつの間にか子どもたちは全体的に大きく変化したり、成長を見せてくれることがとてもたくさんあります。こうした日常の中で、「ホリスティック」という言葉が思い浮かんできます。この言葉は、全体、関連、つながり、バランスといった意味をすべて包含した言葉で、身体、心、生命まるごとを大切にすることでもあります。

　一つの小さな気づきや実践の積み重ねが、全体的な発達を促すことに無理なくつながっていきます。別の言葉で表現するのなら、「全人教育」と

いう表現もできると思います。子ども一人ひとりを大切に保育することは、それぞれの全人格を育てていくことに無理なくつながっていくということです。

その一つの小さな実践が全体的な成長発達につながっていく様子を見ることは、保育者にとって驚きであり、また喜びとなるようです。園の保育を、いままでこうだったからということではなく、いままでどういう理由でそうしてきたのか、ぜひ考えてみるとよいと思います。案外、おとなの都合でしていることがたくさんあるのではないでしょうか。

おとなの手順や段取りはもちろん大事なことですが、そのことによって子ども一人ひとりの状態をより大切にするためには、何らかのやり方を工夫する必要があります。何かを変化させることは、なかなかエネルギーが必要ですが、日々、生きいきと創造的に仕事をすることは、保育者も楽しくやりがいを感じるようです。

2 肯定的で温かい言葉遣い

あるとき、子どもが「先生、トイレ行っていいですか？」と聞いていました。その言葉に、一人の保育者が「排泄は生理現象なのに、許可するというスタンスはどうか？」と疑問に感じました。そこで、子どもの所在を把握する必要があるので「トイレに行ってきます」という伝え方でいいと考えました。

どちらでもいいようなことかもしれませんが、こうした小さな気づきとそれに伴う変化（具体的な実践）が、一人ひとりを大切にする保育につながっていきます。

こうした取り組みを行きつ戻りつしながら続けていくうちに、園内で保育者が話す言葉遣いが、いつの間にか指示命令ではなく、肯定的で温かい言葉に変わっていました。

一つひとつ、小さなことで、特別なことではありません。ていねいに考え、行動していくことを重ねていくことで、自然に子どもの姿に反映され

ていきます。

　その結果、当然のこととして、子どもたち同士の言葉遣いも、否定や非難をすることなく温かい言葉であふれているように感じます。つくづく子どもたちは、おとなの私たちを映す鏡のようだと思います。

3　保育をするうえでの平等って？

　保育者には、それぞれ得意なことも苦手なこともあります。そうした現実の中で、職員それぞれが力を発揮しやすい工夫をすることは有益なことです。具体的には、全体の場でピアノを弾く場合には、ピアノを弾くことが得意な人にその役割を担ってもらうといったことです。

　いままでの価値観では、保育者はみんな順番に同じ役割をこなすことがあたりまえと考えていましたが、全体としてスムーズに保育がすすむことを考えていきます。

　ここにも一つ、価値観の大きな転換があります。それは、「おなじことをすることが平等」という考え方と、「それぞれの人にとってのできることをする」、つまり、「それぞれの人にとって最大の働きをするという意味で、平等」という考え方です。

　保育についても、一人ひとりを大切にする具体的な保育を実践するにあたっては、均等ではなく、それぞれの必要な量が与えられることを平等とするという概念を持つと理解しやすい面があります。なぜならば、いままでの日本の保育、または学校教育では、みんなおなじであることが正しい、もしくは、おなじであることが平等であるといった認識のもとで、多くの保育・教育がなされてきたため、一人ひとりの個性を認めることがむずかしかったという事実があるからです。

　少し前から「みんなちがって　みんないい。」という金子みすゞの詩の一節をよく聞きますが、実際にはまだまだ、みんな、おなじことをすることが求められていることが多いように思います。そのことも大切なことなので、バランスを取ることが求められると思います。

子ども一人ひとりとていねいに関わると、当然、より個性がはっきりと表出してきます。保育者にとっては、子ども一人ひとりとていねいに関わることはとてもエネルギーのいることですが、より深く関わることで喜びも感じるようです。

4　自分のことを大切にしていますか？

　「一人ひとりを大切にする具体的な保育を始めて、気がついてみれば4月当初から園全体に落ち着いた空気が流れている」
　こうした保育が、ぜひ、多くの園で実践されることを願ってやみません。子どもたちにとっては言うに及ばず、保育者にとっても疲れの度合いがまったく違うようです。
　ある年、別の園から転職してきた職員で、12人中10人が新入園児という1歳児クラスの担当になった保育者がいました。その保育者が、毎日帰りに、頬につや玉を作りながら「楽しいです。きょうも1日ありがとうございました」と言ってニコニコ笑顔で帰っていく姿は、私にとっても本当に喜びでした。

　突然ですが、みなさん、自分のことを大切にしていますか？　人によっては、この投げかけに「ハッ！」とする方もいるかもしれません。
　保育者の多くは、ほかの人に奉仕する気持ちを持っている方が多いように思います。我を忘れて夢中で仕事をし、おもしろくて保育をしている場合は、それは素晴らしいと思います。しかし、やらなければならないと義務感で頑張っている場合は、なかなか疲れるのではないでしょうか。
　第4章でも述べましたが、何が良くて何が悪いということを判断するのがむずかしい局面も多くあると思いますが、ものごとには二面性があるということを認識し、そのバランスを取っていくことが大切だと思います。

1 子育てにはたっぷりの時間が必要

　子どもを一人の人として大切にするという視点で考えるときに、おとな
の労働時間については基本8時間と決められているのに、子どもが園で暮
らす時間については決まっておらず、おとなの都合に合わせて長時間の保
育が行われています。この国の保育の制度に、子どもが園で暮らす時間が
決められていないことは、本当に不思議なことだと感じています。

　日本の社会では、働く女性も増え、保育施設で子どもたちが過ごす時間
が長くなっています。子どもを育てるより、仕事が優先される社会的風潮
があるように感じます。子どもを育てるときには、たっぷりの時間が必要
なことが社会的に認識されて、子どもが体調を崩したときには、仕事より
子どもと過ごす時間が必要であるといった社会的合意が形成されたらいい
なと感じます。

　保育施設を増やすことは必要ですが、子育てにはたっぷりの時間が必要
であるという合意のある社会のほうが、みんなが子育てしやすいのではな
いかと思っています。

2 保育の中から子育ての参考に

　みなさんの園では、玄関先で靴をはいている子に、「早くしなさい」と
言っている保護者はいませんか。私も園で耳にします。

　「早くしなさい」と言われても、子どもは一生懸命はいているけど、早
くはけないのです。もし、いつもそう言っている保護者がいたら、なぜい
つもそういう状況になるのか、少しおとなの行動を考えるとよいと思いま
す。

保護者には、「子どもにとっては時間がかかるというのがあたりまえですから」などと伝えることで、子どもは言われのないことで怒られずに済むし、親も子どもの実情はそうなのだとわかっていれば、自分が早めに支度をすればよいことに気づき、イライラせずに済むかもしれません。

　保育者の専門性というほどのことでもないのですが、園での実践を保護者に伝えることで、子育ての手助けにつながるかもしれません。ここでも、上から教えるといったスタンスではなく、「気づきを得ていただけるといいな」といったスタンスで伝えます。

③ 子どもの権利条約の遵守につながる保育

　ここでもう一度、へきなんこども園での乳児保育の取り組みを整理してみたいと思います。

　ひと昔前までは、基本的に玩具のない部屋で、保育者の立てたスケジュールに従って、子どもたちは１日を集団で行動し、過ごしていました。

　まず遊びについては、いままで遊ぶ玩具を保育者がきょうは３つと限定し、そしてこんな言葉かけをしていました。

「さあ、いまからこれで遊びますよ」

「はい、もう遊ぶ時間は終わり。みんなでお片づけですよ」

　変化の第一歩として、それぞれの子どもが自分で選んで遊ぶことができる環境を整えました。

　次に、一斉に食べていた食事を、より一人ひとりを具体的にていねいに見るために、必要な手助けができる人数ですすめるようにしました。結果として、ほとんどこぼすこともなく、食べ方もきれいになりました。そして、食事の時間がとても落ち着いた時間になりました。

　また排泄については、一斉のトイレの時間から一人ひとり関わるようにしました。そうすることで、保育者とより密接な関わりを持つ重要な時間になり、子どもたちにとっては、保育者を独り占めできるうれしい時間になりました。

上・園庭にて（0歳児）
下・乳児用のトイレのパネル
　　コルクボード2枚を蝶番（ちょうつがい）でつなぎ、素敵な布を貼って作ったパネル。ほんの少し
　　の心遣いで子どものプライバシーを守れます。

そして、おむつはトレーニングして外すものではなく、それぞれの心と身体の発達に伴い、外れるといった考え方に切り替えました。このことも、早いほうが良いとか悪いとかではなく、一人ひとりそれぞれのタイミングで自立していくことを支える手助けをすると考えています。

　遊び、食事、排泄の手立ては、すべて以前の考え方を180度変えました。つまり、おとなの考えたスケジュールに合わせて子どもを行動させるという考えから、子どもの側の視点で考えて、一人ひとりの状況に合わせるということに転換したのです。

　実際、子どもがすることに変わりはありませんが、こうして、遊び、食事、排泄をていねいにすることで、結果として、子どもの権利条約に謳われている内容が無理のない形で遵守され、特に保育の現状では見落とされていることの多い「子どもの意見表明権」（第12条）などが保障されています。

　さらに、「私は大事にされている」という感覚が積み重なって「私は大事な存在である」と感じる日常を過ごすことになり、自己肯定感が育ちます。そして、自分の居場所があり、そこが安全で安心と感じられるとき、自分を出すことができて、創造性や自発性も育ちます。

　ただ、ここでていねいに関わるということは、べったりずっと抱えているという意味ではありません。子ども同士の関わりも当然大事にします。

　地道に一つひとつの行為を積み重ねることにより、結果として一人ひとりの全体的な発達が無理なく促され、「子どもの最善の利益」（第3条）につながっていきます。

　もっと素晴らしい実践をされている園もたくさんあると思いますが、あえて述べさせていただいたのは、特別な保育をしているわけではなく、普通の保育でもほんの少し、考え方や視点を変えることで、子どもにとってより安心して、目を輝かせて過ごせる環境が準備できる、そして、子どもの権利条約が謳っている「どの子も自分らしく成長・発達していける」ことを保障することにもつながると確信しているからです。

子どもが幸せにいまを生きるために
園で活かす
子どもの権利条約

1

保育者の手、クレーンのように なっていませんか？

乳児のお部屋で子どもたちが遊んでいます。AちゃんとT君が積み木遊びを楽しんでいるところに、R君が車のおもちゃを持って入ってきました。積み木が積まれている狭いところでトラブルが起きそうです。そんなとき、保育者がR君をひょいと抱き上げて、「こっちで遊びなさい」と移動させてしまいました。

突然抱き上げられた子はとても驚きますよね。もし、おとながそんなことをされたら大問題です。

クレーンのように子どもを移動させるのではなく、「こっちの広いところで遊んだらどうかしら」と声をかけ、自分で移動できるように促す——こんな小さなことの積み重ねでも、自分の存在が認められていると感じて育つのではないでしょうか？

> 第3条　子どもの最善の利益
> 第12条　意見表明権
> 第31条　休息、余暇、遊び、
> 　　　　　文化的・芸術的生活への参加

子どもが幸せにいまを生きるために

園で活かす

子どもの権利条約

2

子どものプライバシーを
守る

　幼児がおもらしをしたとき、ほかの子からあまり見えないところにいっしょに行って、その子の自尊心を傷つけないようにトイレで着替えたりします。

　こうした配慮がされている園がほとんどだと思いますが、こうしたことが子どもの人権を守る具体的な保育につながると思います。

　乳児においても同じように、排泄の場面を他児から見られないように工夫や配慮をするといったことも大事にしたいですね。

> 第16条　プライバシー、通信、
> 　　　　名誉の保護

 「一人ひとりを大切にする保育」
なんて無理と思っていませんか？

　「とりあえず玩具を整理しだしたところで、一斉に食べる食事から
食べ方を変えてまだ１週間しか経っていない」といった状況では、無
理もないことだと思います。でも、毎日変わりない日常を繰り返し、
子どもたち一人ひとりとていねいに関わっていくと、子どもたち自身
にも生活の見通しが立ち、結果として、流れるように１日の保育がす
すんでいきます。つまり、繰り返される日常を大切にするということ
です。
　また、物理的に玩具を増やしたり、食事の仕方を変えることと同様
に、子どもたちにかけている言葉が保育者の都合なのか、子どもを主
体としてかけているのかを意識できたらよいと思います。
　一斉の集団保育も大切ですが、行きつ戻りつしながらも、一人ひと
りが年齢が小さくても大切にされて育つ保育の方法が、何かを変えた
いと思っている保育者のみなさんへ伝わり、実践されたらと願います。

■おもちゃ
Q 1
　夕方の延長保育のとき、いろいろな種類の玩具が混ざって部屋の中がぐ
ちゃぐちゃになり、職員が片づけるのがたいへんでした。
A 1
　それぞれの玩具で遊ぶスペースがありますか。例えば、ままごとのある
場所に、子どもの使いやすい高さで机があり、その机の高さに合った椅子

があると、とても落ち着いて遊べるようです。机がない場合は往々にして、ままごとの玩具が床面に広がってしまうようです。子どもにとって、出してすぐここで遊べるということが一目瞭然でわかるようになっているでしょうか。

　片づけについては、乳児の部屋では基本的に保育者が片づけます。部屋がぐちゃぐちゃになる前に、遊んでいない玩具についてはまめに片づけます。まめに片づけている保育者の姿を見て、子どもたちにも片づけることが身についていくようです。

Q2
お昼寝の前に、布団の上で玩具で遊ぶ子がいます。
A2
　子どもたちが遊ぶ時間は充分に保障されているでしょうか。集団で動くとなると、動くたびに「待っててね」という言葉が多くなりがちですが、遊んでいる中で一人ひとりにていねいに関わるようになると、いままで待たせていた時間が、子どもたちにとってすべて遊びの時間になります。

　子どもたちは満足して遊び、お昼寝から起きたら、また充分に遊べることがわかっているので、眠いときはすっと安心して眠るようです。

■遊びの環境
Q3
　保育室にコーナーを作ることで、玩具や素材などがきちんと整理できるのではないでしょうか。
A3
　へきなんこども園では、遊びの環境を整えるとき、「コーナーを作る」ことを避けてきました。「コーナーを作っています」と言われる園も多いと思いますが、どうしても子どもを囲い込んでいることが多いように感じます。そして、それぞれのコーナーに用意したものは、それぞれの場所で遊ぶというルールになっていることも多いようです。

1歳児クラスの玩具。子どもが目で見て選び、取り出しやすいように、保育者が日常的に整理しています。

　でも、どうしてその場所で遊ばなければならないのでしょう。「保育者がそう決めたから」ということでしょうか。

　少し話がずれますが、「おままごとのところに、どうしてもブロックを持ってきてしまいます。どうしたらいいのでしょうか」といった質問があったりします。

　でも、おままごとのところに「鍋に入れたりする具材」となる素材（例えば、チェーンリングやフェルトで作った野菜等）などが充分に準備されていないのかもしれません。そこで、子どもは創造力を働かせて、ブロックをさまざまなものに見立てて遊んでいるとも考えられますので、「ブロックはブロックのところで遊んでね」とは言えないのではないかと思います。

　もう一つは、その子どもの様子から、「具材になるような道具や素材をもう少し準備したほうがいいかも」といった保育者の気づきにつながっていきます。子どもの姿が教えてくれるということです。

Q 4

子どもが落ち着いて、遊びに集中できる環境に変えたいのですが、具体的な作り方を教えてください。

A 4

以前伺ったある園の保育室は、保育室が牛乳パックで作られた50〜60センチくらいの壁で仕切られ、とてもたくさんのコーナーになっていました。どういう考えで室内を仕切られているのかをお聞きしたら、「子どもは狭いところが好きなので、小さく仕切ったほうが落ち着く」と考えてコーナーを作っているということでした。

子どものことを真剣に考え、実践しておられる姿勢は素晴らしいと思いました。

しかし、私はその保育室に入ったときに「落ち着けるな」とは感じませんでした。そこで、「少し壁を取ってみませんか」と提案してみましたが、「いままでいろいろ考えて、こういう形になっているので…」という返事でした。

「それはそうですよね〜」と思いました。それぞれの心が動いて行動できるので、いきなり言われても実行することはむずかしいことですね。

ところが、その日の夜、保育者たちと食事をしながら話す機会があり、そのときに「あなたたち自身も保育室にいて、居心地がいいですか」と尋ねたことが心に届いたようで、なんと次の日の朝その園に伺ったら、ほとんどの仕切りが片づけられており、先生たちが笑顔を向けてくれました。

夕食の後、みんなでやろうと盛りあがって片づけられたようです。本当に驚き、感動しました。「急に環境を変えて、子どもがとまどうのではと心配したけれど、子どもたちは落ち着いて、より遊びに集中できています。そして、自分たちも、このほうが部屋としていい感じです」と話してくれました。

仕切りを整理することで、子どもたちにとっても玩具を見渡せるようになるし、保育者からも子どもの姿が見やすくなります。壁で仕切るのではなく、ラグマットなどを敷いて遊ぶスペースを作ると、子どもにとっても

「この玩具を出したらすぐここで遊べる」とわかりやすくなるので、動線的にも無理のないように整えることをおすすめします。

■食事を少人数ですすめること

Q5

少人数で食べることの大切さがわからず、メリットもあまり感じません。

A5

子どもたち一人ひとりは食べたいと思って食べているのですが、上手く食べられず、こぼしてしまうことが多くあります。そこで、ちゃんと食べられるように手助けをします。

みなさんは、気持ちのうえではそうしていると思います。しかし、実際には全員がいっしょに食べ、そのうえ保育者自身もいっしょに食べている状態では（2020年春以降、新型コロナウイルス感染症対応で、保育者はいっしょに食べていないと思います）、ていねいに見てあげようという気持ちはあっても物理的にむずかしいことです。

子どもがちゃんと食べられる手助けをするのに、その保育者が何人の子どもだったらきちんと見られるかと考え、見られる人数の子どもの手助けをします。ちなみにへきなんこども園では、0歳児は1対1で食事をとっています（乳児の食事については第1章で述べたので、ご参照ください）。

ていねいに見て手助けをすることでそれぞれの子どものペースを保障していくと、食べ方もきれいになります。そして、舌の動きなどもよく見えるので、個々の発達や安全により配慮できるようです。もちろん、手づかみで食べる過程なども大切にします。また、それぞれの子どもの身体にとって必要な食事の量にも配慮します。そうしていくうちに、嵐のようにではなく、落ち着いて食事が楽しめるようになります。

Q6

食事を順番に食べるようにしたら、全体の食事にかかる時間が延びてしまい、お昼寝の開始時間が遅くなりました。

1歳児の食事

A6

　時間がかかってしまう原因はいろいろ考えられます。状況を確認しないと助言はむずかしいですが、考えられることを少し述べてみます。

　一つは、「よく見る」という意味を取り違えて、本当に「ただよく見る」ということをしている場合です。冗談ではなく、ときどきこういうことがあります。

　子どもの食べるペースを守って、子どもが食べるのをよく見るという食事のすすめ方は、口の中のものが飲み込めた状態なら「次はどれを食べる？」とか、口が動いてないようなら「カミカミするよ」「おいしいね」など、さまざまな言葉を個別にかけながら食事をすすめていくことになります。

　しかし、保育者が子どもと落ち着いて向き合っていると、子どもも結果として落ち着いて、集中して食べられるようです。そして、保育者もいっしょに食べながらよりも、子どもに充分関わることができて、1人当たり

の食事時間も10～20分くらいで終わっているようです。

　もう一つは、「段取りの問題」です。子どもが食べ始めてから、保育者が立ったり座ったり、ものを取りに行ったり…とバタバタしていることはないでしょう。

　こうしたことが、考えられることかと思います。

Q7
　次に食べたい子が待っているので、いま食べている子を急がせてしまいます。

A7
　子ども一人ひとりに保育者が向き合い、落ち着いて食事がすすむと、12人とか14人、また18人のクラスでも、だいたい1時間ぐらいで食べ終えています。

　「次に食べたい子が待っている」という状態ではなく、子どもが遊んでいる状態が必要です。遊びの環境が整っているでしょうか。

Q8
　食事を見たら子どもが寄って来てしまい、後の順番の子にがまんをさせているのでかわいそうに思います。

A8
　無理もないことです。きのうまでみんなで一斉に食べていて、急にきょうから「順番に」と言っても、当然食事に来てしまいます。へきなんこども園でも保育を変え始めたころは、やはり担任から「ほかの子が来ちゃうんですけど、柵を作っていいですか」と言われることがあり、しばらく柵を設けたことがありますが、じきに必要なくなったようです。

　毎日同じ手立てで日常が繰り返されると、子ども自身が生活の流れをすぐに理解し、呼ばれなくても素晴らしいタイミングで食事の席に着いているようです。それは、年齢が小さい子でも生活の見通しが立つということです。そのことにより、日々の生活の中でも誰かに指示され、行動をする

食事とお昼寝。食事が終わると同時に、みんな寝ている状態です。

のではなく、自発的な活動が繰り返されることになります。

Q9

　食べる順番を決める（番号をつける）ことは、子どもを評価しているみたいで、個人差を感じてしまいます。また、子どもに食事の楽しさを伝えられない気がします。

A9

　順番を決めるということが重要なことではなく、一人ひとりのペースに合わせて、必要な手助けをするための方法の一つと考えています。「順番とは、早く食べることがよいこと」といった考え（評価）があるということでしょうか？

　そういうことではなく、保育者が落ち着くことで、子どもたち一人ひとりもなごやかに会話しながら、食事を楽しんでいるようです。

Q 10

後から食べる子は、温かい食べ物を食べられないのではないでしょうか。また、アレルギーのある子への配慮が十分にできるか不安です。

A 10

全員一斉に食べたときと、最後の子が食べ終えるまでにかかる時間は、ほぼ同じようです。ですから、温かい食べ物を食べられないことはないと思います。

保育者が子ども一人ひとりをていねいに見るので、よりていねいな配慮ができるようです。

■「担当制」

Q 11

乳児の保育で、保育者が子ども一人ひとりをていねいに見る保育は、「担当制」とは違うのでしょうか。

A 11

へきなんこども園では、「担当制」という言葉をあえて使わないように意識しています。

「担当制」については、こうした用語を使うと自分の担当になった子どもたちを抱え込んでしまう保育者の姿がよく見られます。「私の子どもたちから食べます」「私の子どもたちを連れていきます」といった考え方をしていくと、クラスとしてのまとまりが分断されて、落ち着いた空気を醸し出すことがむずかしくなるようです。

一つのクラスを担当する複数の保育者は、そのクラスの子どもたち全員に対して目を配ります。そして、食事と排泄、衣類や靴の着脱のときには、基本的には同じ保育者が関わります。

しかし、こうしてすすめていくときにもまた落とし穴があります。「私、トイレを見ています」「私、食事を見ています」「私、遊びを見ています」というように、場所ごとに担当するといった少し意味の違う担当がされていることがあります。

外から室内に入り、靴下を脱ぎます（1歳児）。

　一人ひとりの子どもを大切にする具体的な保育をすすめるとき、毎日同じ人が関わり、その子どものことをより理解し、必要な手助けをしていきます。担当する子どもを抱え込んで、何でもしてあげることとは違います。また、集団の中での子ども同士の関わりも大切な要素なので、すべてバランスが大事だと思います。

■片づけをめぐって

Q 12

　たくさんの遊び道具を準備したら、部屋中が散らかってしまうのではと心配になります。

A 12

　へきなんこども園では、散らかっているという状態ではありません。なぜかというと、保育者が基本的には片づけているからです。とりわけ乳児期には、目の前のものに興味があり、気持ちが次の遊びへと移って夢中に

きれいに整理された室内

なって遊んでいくという特徴があるので、忘れられた玩具については保育
者が片づけるのです。

　幼児の部屋でも、子どもの興味が移って遊んでないものは保育者が片づ
けます。しかし、子どもをよく見ていると、一つの遊びに飽きて、次の遊
びに移るところで声をかけることができます。「もう遊ばないの？　じゃ
あ、もとに戻しておこうか」と。そして、いっしょに片づけたりすること
もあります。

　でも、保育者が片づけるということに疑問を抱く方もいるのではないで
しょうか。

　「そんな、先生が片づけてしまったら、子どもたちの片づける機会を
奪ってしまうのでは？」といった意見も耳に入ってきました。しかし、
「片づけなさい」と言って片づけさせようとしている場合は、子どもは片
づけていない保育者を見て、なかなか片づけをしない状態になりがちで
す。まめに片づけをしている保育者の姿を見て、片づけるということが自

然にできるように育つ子どもの姿があります。

余談ですが、同じように、「話が聞けないんだよね～」と思うようなら、もしかしたら、自分が子どもたちの話を聞いているかどうかを確認したほうがよいように思います。

こうしたことが気づきのきっかけになります。あたりまえのことですが、さまざまなことがつながっていると感じます。

Q 13

たくさんの玩具を保育室に出したけど、全部投げてしまう子どもや、友だちを叩いたり、かみついたりしてしまう子どもがいて、危ないのでまたしまってしまいました。

A 13

子どもは、危ないことをしようと思ってしているのでしょうか。なぜ、友だちを叩いたり、かみついたりしてしまったのでしょうか。そうなってしまうのには、子どもなりのわけ（理由）があったのではないでしょうか。

大勢の子どもに対して充分な量の玩具が準備されてなかったり、その使い方がていねいに伝えられてなかったり、それぞれの子どもの遊びが守られてなかったりなど、考えられることはいろいろあります。そのいろいろあるわけ（理由）を考えることが、子どもに寄り添うことになると思います。

そのいろいろなわけ（理由）の中に発達の問題が関わっていることもあります。そうした場合、往々にして、自己認識が弱い場合が多く、投げる行為自体は感覚遊びとしての行動であったりします。2歳児クラスで、玩具を全部出してしまう、全部投げてしまうなど、そういった子どもの姿も見られました。

そうした場合にどう対応していたかと言うと、保育者がひたすら片づけるといった対応をしていました。そして、ほかの子どもたちは、2歳児ながら、その子の行為をそっくりそのまま受けとめていました。そうしているうちに、その状態は通過していきました。

一人ひとりを大切にすることを実践するときには、発達に特徴がある子

にとっても、ない子にとっても、とてもおもしろいと思える遊びの環境を整えていくと、発達上の特徴の有無にかかわらず、それぞれの最大の発達を支えることになっていきます。

■子どもの遊びへの関わり方

Q 14

　子どもが主体的に遊んでいるとき、保育者はどう関わったらいいのでしょうか。

A 14

　以前、へきなんこども園では、「大きな声を出している保育者がよい保育者である」というような価値観を持っていました。また、子どもといっしょに遊ぶことがよいという保育をしてきました。しかし、子どもの主体性を大切にし、子どもの遊びを守るという視点を持つと、保育者が主導しての遊びでは、子どもの主体（思い）を大切にしていることにはならなくなります。

　子どもは本来、遊ぶ力を持っています。以前は、無意識のうちに、「この人たちは何もできない弱い人間なので、遊んであげなければならない」という思いが強く働いていました。つまり、結果として「すべての時間を保育者が管理し、何かしてあげなくてはいけない」という思い込みが強くあったのです。では、子どもの遊びに関わらないで、見守るだけでいいのではないかと思われるかもしれません。しかし、そういうこととも違います。その場その場で、子どもに言葉をかけています。

　子どもが主体となって遊んでいるかどうか、簡単に見分ける方法があります。それは、保育者がその場を離れたときにもその遊びが継続しているなら子どもが主体となって遊んでおり、その遊びが終わってしまうようなら保育者が主体となって遊んであげていた、ということになります。

　子どもの遊びを守るという視点を持ちながら、その遊びが発展したり深まったりするような働きかけをしていきます。また、言葉を習得していく時期であるならなおさら、たくさんの言葉かけをしていくことで、その発

外のテラスで積み木遊び

達にも目覚ましいものが見えてきます。

　ただ、ここでまた、かける言葉のわけ（理由）や、その言葉が子どもを支える方向の言葉なのか、させる方向の言葉なのかも気にかけてください。簡単に基準を示すならば、指示、命令になっていないか、何かを「させる」といった意識になっていないかどうかです。伝える必要のあることも、なぜそうなのか、やはり「理由」を伝えます。年齢の小さな子にも同様に伝えます。

■慣らし保育

Q 15

　「一人ひとりを大切にする保育」を始めるとき、最初の慣らし保育をどのようにすすめていったらよいのでしょうか。

A 15

　４月初めのころは、一般的には職員間で「たいへんだよね〜」といった

職員会議では、一人ひとりの気づきを話します。

言葉が飛びかっていることが多いと思います。そして目に浮かぶのは、子ども1人もしくは2人を保育者が抱っこし、その近く、もしくは保育室の入口近くで泣いている子どもの姿です。以前のへきなんこども園での姿です。

　もちろん、「慣らし保育をしっかりしているので、そんな姿はありません」という園もあるでしょう。

　へきなんこども園の場合は、慣らし保育はありますが、基本的に入園から1週間は12時30分まで保育し、昼食を食べ終わったらお迎えです。このすすめ方は以前から変わらないのですが、近年では、入園式の次の日から乳児クラスでも落ち着いて遊ぶ子どもたちの姿が見られます。

　でも、まったく泣かないということではありません。登園して保護者と離れるときはもちろん泣くのですが、しばらくすると、機嫌よく遊ぶ姿を見せてくれます。

　どうしてそうなるのか。一つには、第1章でも述べたように、遊びの環

境が整っていて、また、室内が落ち着いた空気を漂わせているからだと思います。そしてもう一つの大きな要因として、短期間のあいだに子どもと担任との信頼関係が築かれていることだと思います。

　逆に、おとなが落ち着かず、ソワソワしている場合には、何人かの子どもはいつまでも泣いているようです。そうしたときには、保育者自身に「自分の呼吸に意識を向けて、ゆっくり呼吸してみてください」と伝えたりしています。じつは、子どものほうがおとなのことをよく見ているのかもしれないと思ったりします。

■保育者の気づき

Q 16

　「一人ひとりを大切にする保育」を始めるには、保育者自身も変わらなければならないと思います。変わるポイントを教えてください。

A 16

　「一人ひとりを大切にする保育」を実践していくときに、気づくことがあります。それは、子ども一人ひとりを大事にするためには保育者一人ひとりも大事にすることが必要だということです。そして環境についても、子どもにとって居心地がよいということは、おとなにとっても心地よい空間になるのではないかと思います。

　そうした環境の中で、子どもたちが自分が大切にされていると感じ、自分にとって心地よい、安全で安心なところであると感じるとき、自己肯定感や自己有用感が育ち、それぞれの力を伸ばし、創造性を発揮していくことになります。

　「一人ひとりを大切にする保育」を実践するとき、保育者は創造的に保育していくことも必要になります。一人ひとりの保育者の気づきによって遊びの環境を整えたり、言葉かけの方向を考えたりしていきます。

　そうした保育者の姿を見て、子どもたちの育ちもさらに支えられているように思います。

あとがき

新しい世界がひらかれていく

　この本をまとめている最中に、新型コロナウイルスが突然現れ、全世界が強制的に変化を余儀なくされました。目の前のコロナ対策をしていく中で、「あら、一人ひとりを大切にする具体的な保育の実践は、コロナ禍での新しい生活スタイルにぴったりじゃない」と思えてきました。

　新しい価値観——じつは、この本で伝えたいことは保育の価値観の転換ということだと考えています。それは、新しい生活スタイルに重なるものでもあります。

　これまで、集団の中ではみんなとおなじように○○ができること、このことがとても大事にされてきました。もちろん、そのことは大事なことです。しかし、それを大事にするあまり、一人ひとりの個性や考え、また身体のリズムを知り、そのことも大事にする視点が軽んじられてきたように思います。

　まず、子どもたちにかける言葉が無意識のうちに「○○をさせる」といった考えのもとで、指示命令になっていることが多いのです。この状況を見直し、子どもと、人としてイコール（同等）の関係で言葉をかけることで、子どもを尊重することの具体的な行いとなります。自分を客観的に

見ること、そして「させる」から「支える」へと意識を転換することができたらいいなと思います。子ども（相手）のありようをそのまま認めることは、自分自身が自分のありようをそのまま認めることとおなじであるとも考えます。

　個と集団のバランス、そして私もあなたもそれぞれがそのまま認められ、すっきりとその場にいる。安心の中で子どもたちの成長や発達がより促されている。毎日が楽しい!!　毎日楽しく過ごす力が育っていったらいいなと思っています。

　集団だからむずかしいと考えていたことも、視点を変えて心を柔軟にして実践してみることで、新しい世界がひらかれていくように思います。

　本書が人々にとって明るく幸せな未来をイメージし、子どもたちがいまを幸せに生きる場を整える助けになったらと願っています。

　本書を出版するにあたり、多くのみなさまのご協力に感謝申し上げます。

　　　2020年9月

　　　　　　　　　　　　　　　　　　　　　　　　　　ユリア

プロフィール●ユリア

（水野裕子／みずのゆうこ）
1989年より、へきなん保育園園長。
2008年より、社会福祉法人へきなん乳幼児福祉会理事長。
2019年より、幼保連携型認定こども園 へきなんこども園（へきなん保育園より移行）園長。
現在、伊文保育園顧問理事を兼務。
（一社）愛知県私立保育園連盟副会長。

1990年代から、保育園で実際に取り組める環境（SDG's）カリキュラムを作成、実施。
そのリサイクル活動の収益で、スリランカに保育園を設立。
2011年より、8年にわたり全国私立保育園連盟 保育国際交流運営委員会（現在、保育・子育て総合研究機構 国際委員会）委員長を務め、ハンガリー保育視察・体験研修を企画し、7年にわたり実施。
幼少よりモダンダンスを続け、舞踏家としても活動している。

（公社）全国私立保育園連盟機関誌『保育通信』に、「一人ひとりを大切にする具体的な保育」を連載（2018年7月号～2019年6月号）。
著書に『空からの落し物』中央アート出版、2001年
共著書に以下がある。
『安心・平等・社会の育み フィンランドの子育てと保育』
　藤井ニエメラみどり、髙橋睦子、（社）全国私立保育園連盟 保育国際交流運営委員会編、明石書店、2007年
『ハンガリー たっぷりあそび就学を見通す保育』サライ美奈著
　（公社）全国私立保育園連盟 保育国際交流運営委員会編、かもがわ出版、2014年

★本書は、連載「一人ひとりを大切にする具体的な保育」（〈公社〉全国私立保育園連盟機関誌『保育通信』2018年7月号〜2019年6月号）をもとに加筆・再構成し、写真・イラストを補充して、編集・制作いたしております。
★本書中の漫画とイラストは、連載「子どもが幸せに今を生きるために園で活かす子どもの権利条約」（〈公社〉全国私立保育園連盟機関誌『保育通信』2014年6月号及び2015年1月号）より、転載させていただいております。

● 写真提供：へきなんこども園
● 4コマ漫画・イラスト：うつろあきこ

● 本文・カバーデザイン：石原雅彦（有限会社 TAMON）
● 編集：森井 泉

保育の中に心地よい暮らしをつくる
新しい保育のスタイル

2020年10月15日　第1刷発行
2021年12月10日　第3刷発行

著　者　ユリア（水野裕子）

発行者　竹村正治
発行所　株式会社　かもがわ出版
　　　　〒602-8119　京都市上京区堀川通出水西入
　　　　TEL 075-432-2868　　FAX 075-432-2869
　　　　振替　01010-5-12436
　　　　ホームページ　http://www.kamogawa.co.jp
印刷所　シナノ書籍印刷株式会社

ISBN 978-4-7803-1102-0 C0037